BASIC

GADGET

Scott Kelby, Terry White

iPhone 5
Das Buch

Scott Kelbys beste Tipps & Tricks

D1727335

PEARSON

München • Harlow • Amsterdam • Madrid • Boston
San Francisco • Don Mills • Mexico City • Sydney
a part of Pearson plc worldwide

Die Deutsche Nationalbibliothek verzeichnet diese Publikation in der Deutschen Nationalbibliografie; detaillierte bibliografische Daten sind im Internet über http://dnb.d-nb.de abrufbar.

Die Informationen in diesem Produkt werden ohne Rücksicht auf einen eventuellen Patentschutz veröffentlicht. Warennamen werden ohne Gewährleistung der freien Verwendbarkeit benutzt. Bei der Zusammenstellung von Texten und Abbildungen wurde mit größter Sorgfalt vorgegangen. Trotzdem können Fehler nicht vollständig ausgeschlossen werden. Verlag, Herausgeber und Autoren können für fehlerhafte Angaben und deren Folgen weder eine juristische Verantwortung noch irgendeine Haftung übernehmen. Für Verbesserungsvorschläge und Hinweise auf Fehler sind Verlag und Herausgeber dankbar.

Fast alle Hardware- und Softwarebezeichnungen und weitere Stichworte und sonstige Angaben, die in diesem Buch verwendet werden, sind als eingetragene Marken geschützt. Da es nicht möglich ist, in allen Fällen zeitnah zu ermitteln, ob ein Markenschutz besteht, wird das ®-Symbol in diesem Buch nicht verwendet.

GERMAN language edition published by PEARSON EDUCATION DEUTSCHLAND GMBH, Copyright © 2013

Autorisierte Übersetzung der englischen Originalausgabe mit dem Titel iPhone book, The, 5. Ausgabe von KELBY, SCOTT, WHITE, TERRY, erschienen bei Peachpit Press, ein Imprint der Pearson Education GmbH; Copyright © 2012

10 9 8 7 6 5 4 3 2 1

15   14   13

ISBN 978-3-8273-3222-6

© 2013 by Pearson Deutschland GmbH,
Martin-Kollar-Straße 10–12, D-81829 München/Germany
Alle Rechte vorbehalten
www.pearson.de
A part of Pearson plc worldwide
Covergestaltung: Marco Lindenbeck, webwo GmbH (m.lindenbeck@webwo.de)
Übersetzung: G&U, Technische Dokumentation, Flensburg
Aktualisierung und Ergänzung: Michael Krimmer, mkrimmer@pearson.de
Korrektorat: Michael Krimmer, mkrimmer@pearson.de
Lektorat: Michael Krimmer, mkrimmer@pearson.de
Herstellung: Claudia Bäurle, cbaeurle@pearson.de
Satz: text&form GbR, Fürstenfeldbruck
Druck und Verarbeitung: Drukarnia Dimograf, Bielsko-Biala
Printed in Poland

Für meinen wunderbaren Sohn Jordan.
Es ist echt der Hammer, dein Vater zu sein!
–SCOTT KELBY

Für meine Mutter, die mich lehrte, stets das Richtige zu tun, und meinen Vater, der mich
inspirierte und mich erfolgreich machte. Außerdem widme ich dieses Buch Steve Jobs.
Ohne seine Vorstellungskraft und seine Entschlossenheit würde es das iPhone und
viele andere technische Gaben, die unser Leben bereichern, nicht geben.
–TERRY WHITE

Über die Autoren

Scott Kelby

Scott ist Chefredakteur und Herausgeber des Magazins *Photoshop User* und einer der Talkmaster der wöchentlichen Fotografen-Talkshow *The Grid*. Er ist Vorsitzender und Mitbegründer der NAPP (National Association of Photoshop Professionals), des Berufsverbands der Benutzer von Adobe Photoshop, und Vorstandsvorsitzender der Kelby Media Group, eines Software-, Schulungs- und Verlagsunternehmens.

Scott ist Fotograf, Designer und preisgekrönter Autor von über 50 Büchern über Technologie und digitale Bildgestaltung, darunter der Bestseller *iPod. Das Buch*, *Das digitale Fotografie-Buch* und *Photoshop für digitale Fotografie*. Außerdem hat Scott mehrere Bestseller zum Thema Macintosh geschrieben, darunter das preisgekrönte Werk *Macintosh: The Naked Truth* von New Riders und *OS X Lion – Wie Sie auf dem Mac machen, was Sie wollen*. Seine Bücher wurden in Dutzende von Sprachen übersetzt, darunter in Russisch, Chinesisch, Französisch, Deutsch, Spanisch, Koreanisch, Griechisch, Türkisch, Japanisch, Niederländisch usw.

Sechs Jahre hintereinander wurde Scott als der Bestsellerautor Nr. 1 über Computer und Technologie ausgezeichnet und kürzlich auch als Bestsellerautor Nr. 1 zum Thema Fotografie. Der erste Band von *Das digitale Fotografie-Buch* ist das meistverkaufte Buch über Digitalfotografie aller Zeiten.

Scott ist Schulungsleiter der Adobe Photoshop Seminar Tour, technischer Veranstaltungsleiter der Photoshop World Conference & Expo und Sprecher auf Messen und Veranstaltungen in aller Welt. Mehr über Scott erfahren Sie in seinem täglichen Blog auf *www.scottkelby.com*.

Terry White

Terry ist der Autor von *Secrets of Adobe Bridge* von Adobe Press und Co-Autor von *InDesign CS/CS2 Killer Tips* von New Riders.

Für Adobe Systems arbeitet er als Worldwide Creative Suite Design Evangelist. Bei Adobe ist er schon über ein Jahrzehnt lang und leitet dort die »Missionierung«, um die Creative Suite-Produkte von Adobe weltweit vorzustellen. Terry ist sowohl Adobe Certified Expert als auch Creative Suite Master.

In der Branche ist er bereits seit über 25 Jahren tätig. Er ist Mitbegründer und Vorsitzender der MacGroup-Detroit, der größten Macintosh-Benutzergruppe in Michigan, und Kolumnist für das Magazin *Photoshop User*.

Terry führt durch das hoch angesehene *Adobe Creative Suite Video Podcast* (http://creativesuitepodcast.com) und ist Autor der weltbekannten Website *Best App Site* (www.bestappsite.com, eine Quelle für Nachrichten und Rezensionen über Apps für iPhone, iPad und iPod touch) sowie von *Terry White's Tech Blog* (http://terrywhite.com). Auf wichtigen Veranstaltungen der Branche in aller Welt tritt er als Hauptredner auf.

Danksagung von Scott

Dies ist das siebte Buch, das ich zusammen mit Terry schreiben durfte, und nach den Erfahrungen, die ich bisher dabei gemacht habe, kann ich sagen, dass diese Zusammenarbeit nur einen einzigen Nachteil hat: Ich bekomme nämlich nur halb so viel Platz, um all den wunderbaren Menschen zu danken, deren Hilfe, harte Arbeit und Unterstützung zu diesem Buch beigetragen hat.

An Kalebra: Meine wunderbare, erstaunliche, fröhliche, supergöttliche und liebende Frau. Deine Geist, deine Wärme, deine Schönheit, dein Verstand, deine Geduld und deine bedingungslose Liebe beweisen weiterhin, was alle sagen: Von allen Burschen auf der Welt habe ich das größte Los gezogen.

An Jordan und Kira: Ihr bereichert mein Leben um unermessliche Freude, und ich bin stolz und froh, euer Vater zu sein. Mehr könnte ich mir nicht wünschen.

An Jeff: Du bist der Maßstab, nach dem alle Brüder gemessen werden sollten. Kein Wunder, dass dich alle lieben!

An meinen Co-Autor Terry White: Du bist derjenige, der mich davon überzeugt hat, dieses Buch zu machen, und ohne deine zahlreichen Ideen, deinen Einfluss und deinen großartigen Stil hätte dieses Buch niemals das Licht der Welt erblickt. Ich fühle mich wirklich geehrt, diese Seiten gemeinsam mit dir zu verfassen, und zähle dich zu meinen besten Freunden.

An Kathy Siler (meine Geheimwaffe): Ohne dich würde ich in meinem Büro sitzen, vor mich hinmurmeln und an die Decke starren. Danke für all die »harte Arbeit« und dafür, dass du meinem Arbeitsleben Ruhe, Ordnung und Sinn und auch viel Spaß gegeben hast. Du bist die Beste!

An meine Redakteurin Kim Doty: Es ist einfach toll, mit dir zu arbeiten. Wie könnte es einem auch nicht gefallen, mit einem Menschen zu arbeiten, der so ein warmes Lächeln und eine so großzügige Haltung hat und so gute Arbeit leistet? Ein Dankeschön reicht da nicht aus ... aber trotzdem ... dankeschön!

An Cindy Snyder und Jessica Maldonado (mein Lektorats-, Design- und Layoutteam): Ich liebe es, mit euch zu arbeiten, und ich bin immer wieder erstaunt und beeindruckt, was für eine Qualität Ihr abliefert und wie schnell das geht.

An Felix Nelson, meinen brillanten Creative Director: Was soll ich sagen? Du bist der Beste in diesem Geschäft, und die Ideen und Grafiken kommen auf Knopfdruck aus dir heraus wie aus einem PEZ-Spender. Ich fühle mich glücklich, mit dir arbeiten zu dürfen. Danke, mein Freund, für alles, was du für mich und unsere Firma getan hast.

An Dave Moser: Jeden Tag mit meinem besten Kumpel arbeiten zu dürfen, ist wirklich ein Segen. Aber wie du immer auf mich aufpasst, ist noch das Sahnehäubchen!

An Jean A. Kendra: Danke, dass du dich um »die andere Seite« unseres Geschäftes kümmerst und all die Jahre über eine so gute Freundin warst.

An Nancy Aldrich-Ruenzel, Ted Waitt, Sara Jane Todd, Scott Cowlin und all meine Freunde bei Peachpit Press: Danke dafür, dass Ihr den Vorgang, ein Buch zu schreiben, so schmerzlos gestaltet habt, und dass Ihr mich als einen eurer Autoren genommen habt.

An John Graden, Jack Lee, Dave Gales, Judy Farmer und Douglas Poole: Eure Weisheit und eure Einpeitscherei haben mir in meinem Leben unermessliche Dienste erwiesen, wofür ich sehr dankbar bin und tief in eurer Schuld stehe.

An Gott und seinen Sohn Jesus Christus: Danke, dass Ihr meine Gebete stets erhört habt, dass ihr stets da wart, wenn ich euch brauchte, und dafür, dass Ihr mich mit einem so wunderbaren, von Freude erfüllten Leben und einer so warmherzigen, liebenden Familie gesegnet habt, mit der ich es teilen kann.

Danksagung von Terry

Es kommt nicht jeden Tag vor, dass ich an einem Projekt arbeite, das sowohl eine Herausforderung als auch viel Spaß bedeutet. Ein Buch zu schreiben, erfordert viel Konzentration und Aufmerksamkeit für Einzelheiten. Ich musste zwar oft bis spät in die Nacht aufbleiben und konnte nicht viel Zeit mit meiner Familie verbringen, aber sie hat sich nie beschwert. Meine Frau ist erstaunlich, und sie weiß, dass Technik und komische kleine Geräte zu meinen Leidenschaften gehören, sodass sie volles Verständnis zeigte, als ich ihr mitteilte: »Rate mal, was passiert ist! Ich werde zusammen mit Scott das iPhone-Buch schreiben!« Carla ist für mich der Ausgleich in meinem Leben, und sie hilft mir täglich auf so viele verschiedene Weisen.

Ich habe zwei erstaunliche Töchter: Ayoola ist klug und stets bemüht, noch klüger zu werden. Manchmal erkenne ich soviel von mir in ihr, dass es mich beinahe erschreckt. Meine jüngste Tochter, Sala, hat viel von meinen anderen Eigenschaften. Sie bringt mich jeden Tag zum Lachen und lebt, um das Leben zu genießen. Das macht all die langen Arbeitstage, die Arbeitswochenenden und die hektischen Reisen wieder wett, vor allem da ich dies letzten Endes für sie tue.

Pam ist eine großartige Schwester, die ich immer um Rat bitte. Es ist toll, ältere Geschwister zu haben, und sie ist die beste Schwester, die man sich denken kann.

Ich muss auch allen meinen Kumpeln von der Komische-kleine-Geräte-Fraktion danken. Das sind die Jungs und Mädels, mit denen ich herumhänge und die mich dazu ermutigen, mit technischen Geräten aller Art herumzuspielen und mehr über sie zu erfahren. Mein Kollege Dave Helmly ist wahrscheinlich ein noch größerer Technikfreak als ich. Wenn ich ihn anrufe, um ihm etwas von einer neuen Spielerei zu erzählen, hat er das Ding in neun von zehn Fällen schon in der Hand und erzählt mir etwas darüber. Mein Freund Larry Becker ruft mich dauernd an und informiert mich über die neuesten Geräte, von denen er gehört hat oder mit denen er herumspielt. Mein besonderer Dank gilt Jack Beckman und Chita Hunter, die einige heiße Tipps in letzter Minute beigesteuert haben, und an Sarah K., die mich immer über die neuesten Lieder und Apps auf dem Laufen hält, falls ich etwas nicht mitkriegen sollte. Beim Thema Apps muss ich auch den Co-Autoren meiner Website *www.bestappsite.com* danken – Erik Bernskiold und Jason Lykins –, da ich ohne ihre Hilfe nicht weiterkommen würde.

Technik mag meine erste Leidenschaft sein, aber dahinter kommt gleich die Fotografie. Das iPhone ist für mich vor allem ein Kommunikationsgerät, aber ich nutze für meine Fotografierarbeiten auch sehr ausführlich mein iPad. Da wir schon bei dem Thema sind, muss ich natürlich auch den Menschen danken, mit denen ich regelmäßig zusammen fotografiere. An erster Stelle steht dabei die erstaunliche Kandice Lynn. Mit ihr zu arbeiten, ist wirklich der Hammer, und sie hat mich dazu gebracht, in der Fotografie Fortschritte zu machen. Außerdem möchte ich Iris Pérez, Lena Hakim, Bruce Mandel und Don Pham sowie den Branchenführern auf dem Gebiet der Fotografie danken, die mich in all den Jahren unterstützt haben.

Außerdem möchte ich meinen Freunden Linda, Carol und Dave im örtlichen Apple Store dafür danken, dass Sie mir immer das Gefühl geben, eine berühmte Persönlichkeit zu sein, wenn ich ihren Laden betrete. Natürlich danke ich auch all meinen Freunden, die mich in der Macintosh-Usergroup MacGroup-Detroit unterstützen, vor allem Mary, Joe, Calvin, Jack, Chita, Phyllis, Yvonne, Bill, Brian und Char, Mia, Michele, Steve, Mike, Aquil und Harold.

Ich liebe es zwar, zu schreiben, doch ist das nicht meine Hauptbeschäftigung. Ich habe den besten Job, den man sich denken kann, und arbeite für das beste Unternehmen der Welt. Meinem Chef Scott Morris gebührt besonderer Dank, da er meine Gerätesucht versteht und mir die Freiheit und die Zeit einräumt, um meine anderen technischen Leidenschaften zu befriedigen. Ich arbeite mit einigen der klügsten Leute in der Branche zusammen und möchte allen Mitarbeitern bei Adobe Systems danken, vor allem meinen Reisegefährten, den Worldwide Evangelists Jason Levine und Greg Rewis, die mir nicht nur die besten Softwaretools an die Hand gaben, die es gibt, sondern mich auch technisch auf dem Laufenden halten und mir die Motivation geben, Großartiges zu leisten.

Natürlich muss ich auch dem Burschen danken, der wahrscheinlich meine wichtigste Inspirationsquelle ist, und das ist einer meiner besten Freunde und der Co-Autor dieses Buchs, nämlich Scott Kelby. Ich bin immer wieder erstaunt, wie viel dieser Kerl in einem Jahr alles erreichen kann. Nichts kann ihn aufhalten. Er arbeitet nicht nur in seinem Beruf hervorragend, sondern ist ein großartiger Vater für seine zwei hübschen Kinder und ein großartiger Ehemann für seine wunderbare Frau Kalebra. Ohne Scott wäre ich vermutlich gar nicht zum Schreiben gekommen. Scott, du bist eine große Anregung für uns alle. Danke, mein Freund!

Kapitel 6   75

Surfin' Safari
Den Webbrowser des iPhone verwenden

Kapitel 7   85

Kleine Heinzelmännchen
iPhone-Apps, die das Leben leichter machen

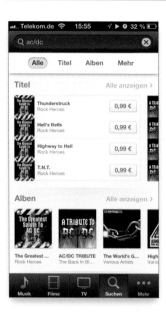

Sechs Dinge, die Sie hätten wissen sollen …

1. Das erste Kapitel ist für Leute, die noch nie ein iPhone in der Hand hatten. Wenn Sie Ihr iPhone also schon einige Wochen lang besitzen und bereits wissen, wie Sie es einschalten, wie Sie zoomen, sich orientieren, es in den Standby-Modus versetzen usw., können Sie dieses Kapitel überspringen und gleich mit Kapitel 2 anfangen. Wir sind Ihnen auch nicht böse. (Vielleicht aber überfliegen Sie Kapitel 1 wenigstens ... man kann schließlich nie wissen!)

2. Sie müssen nicht ein Kapitel nach dem anderen lesen. Abgesehen von dem Ich-habe-gerade-erst-den-Karton-geöffnet-Kapitel haben wir das Buch so gestaltet, dass Sie es überall aufschlagen und lesen können. Sie müssen es nicht in der Reihenfolge der Kapitel durchlesen. Wenn Sie wissen wollen, wie etwas ganz Bestimmtes funktioniert, suchen Sie im Inhaltsverzeichnis danach, blättern zu der betreffenden Seite vor und haben schon nach wenigen Sekunden die Antwort auf Ihre Frage. Jede Seite zeigt Ihnen genau eine Sache. Ein Thema. Ein Funktionsprinzip. Wenn Sie etwa wissen wollen, wie Sie eine E-Mail löschen können, wird Ihnen genau das Schritt für Schritt erklärt, ohne erst groß in die Diskussion über E-Mail-Protokolle einzusteigen. Sie erfahren einfach, wie Sie eine E-Mail löschen, und fertig.

3. Wir schreiben nicht für verschrobene Technikfreaks. Terry und ich haben alles so geschrieben, als würden wir Ihre Fragen beantworten, wenn Sie zu uns kämen, uns Ihr neues iPhone zeigten und uns um Rat bäten. Stellen Sie sich also vor, Sie besuchen mich zu Hause und sagen: »Sag mal, Scott, gibt es eigentlich eine Möglichkeit, auf dem kleinen Bildschirm mehr von einer Webseite zu sehen?« Natürlich würde ich Ihnen dann nichts über den eingebauten vibrotaktilen Antriebsmotor des iPhone erzählen, sondern Ihnen schlicht sagen: »Drehen Sie Ihr iPhone auf die Seite, sodass es auf die Breitansicht umschaltet.« Ich gebe meine Erklärungen kurz und schmerzlos und genau auf Ihre Frage ausgerichtet. Genau das machen wir in diesem Buch auch. Wir halten Ihnen hier keine Vorträge, sondern zeigen Ihnen, wie etwas geht.

… bevor Sie dieses Buch lesen!

4. Jedes Kapitel hat eine Einleitungsseite. Diese Einleitungen geben Ihnen die Gelegenheit, zwischendurch abzuschalten, da sie, ehrlich gesagt, nicht viel mit dem Inhalt des Kapitels zu tun haben. Im Grunde genommen haben sie mit nichts irgendetwas zu tun, aber solche abgedrehten Einleitungen zu schreiben, ist eine Tradition von mir (ich mache das in allen meinen Büchern). Wenn Sie zu den »ernsthaften« Leuten gehören, sollten Sie sie lieber überspringen, da sie Ihnen wahrscheinlich einfach auf die Nerven fallen werden.

5. Es gibt auch Bonuskapitel mit Tipps in diesem Buch. Wir haben zwar alle Arten von nützlichen Tipps (die wir iTipps nennen) überall im Buch verstreut, aber man kann schließlich nie genug Tipps bekommen (z.B. kaum bekannte Abkürzungen, Vorschläge oder Tricks, mit denen Sie das iPhone einfacher bedienen können oder die mehr Spaß machen). In dieser sechsten Ausgabe unseres Buches haben wir daher ein Kapitel hinzugefügt, das voller praktischer Tipps steckt (*Kapitel 13*).

6. Was ist, wenn der Bildschirm auf Ihrem iPhone nicht so aussieht wie in diesem Buch? Dann haben Sie Ihr iPhone nicht mit dem kostenlosen iOS 6 von Apple aktualisiert. Schließen Sie Ihr iPhone an Ihren Computer an und starten Sie iTunes. In einem Dialogfeld werden Sie dann auf die neue Software hingewiesen. Klicken Sie auf **Laden und installieren**, und schon sieht alles aus wie in diesem Buch. So, das war's zur Einleitung – jetzt können Sie loslegen! Alternativ dazu können Sie ab iOS 5.0.1 auch direkt am iPhone updaten. Rufen Sie dazu die **Einstellungen** auf und dort den Bereich **Allgemein**. Hier finden Sie nun den Unterpunkt **Softwareaktualisierung**. Wenn es ein Update für Sie gibt, dann finden Sie es dort.

Kapitel 1

Wesentliches über das iPhone

Zehn Dinge, die iPhone-Anfänger wissen müssen

 Ich habe es mir zur Gewohnheit gemacht, den Kapiteln meiner Bücher die Titel von Filmen, Fernsehserien oder Liedern zu geben. Ursprünglich sollte dieses Kapitel *Basic Training* heißen (»Grundausbildung«) wie der Film aus dem Jahr 1985 (deutscher Titel: »Bombenstimmung im Hauptquartier«) oder die Versionen aus den Jahren 1971 und 2006 (wobei Letztere gar nicht erst in die Kinos kam, obwohl »The Rock« die Hauptrolle spielte). Allerdings begann ich mich zu fragen, wie viele Menschen ein Kapitel lesen würden, dessen Titel das Wort »basic« (»grundlegend«) enthielt. Traurig, aber wahr: Niemand will sich heutzutage noch die Mühe machen, die Grundlagen zu lernen. Die Leute wollen lieber gleich in's tiefe Wasser springen und sich mit den anspruchsvolleren Sachen beschäftigen, da sie der Meinung sind, die Grundlagen seien für sie zu grundlegend. Stattdessen überlegte ich, den Titel *Basic Instinct* zu verwenden. Ich habe den Film nie gesehen (spielte da nicht Scatman Crothers mit?), habe aber gehört, dass er besser gewesen sein soll als *Basic Instinct 2* mit – soweit ich weiß – Carrot Top und Ernest Borgnine (aber da ich den Film auch nicht gesehen habe, kann ich nicht beschwören, dass sie wirklich dabei gewesen sind). Ich versuchte also einen Begriff zu finden, der das Gleiche ausdrückte wie »Grundlagen«, ohne aber die gleichen negativen Assoziationen mitzubringen. Dabei fiel mir schließlich »wesentlich« ein. Das passt, da es in diesem Kapitel schließlich um die wesentlichen Dinge geht, die Sie wissen müssen, um den größten Nutzen aus Ihrem iPhone zu ziehen, allerdings hat es keinen werbetechnischen Reizwert. Keinen Flair, keinen Glamour. Also überlegte ich: Welche Kniffe verwenden Marketingexperten, um die Aufmerksamkeit der am meisten umworbenen Bevölkerungsgruppe auf sich zu ziehen (also der Leute, die noch kreditwürdig sind)? Damit kam bei mir der Gedanke an *Bare Essentials* auf, eine kurzlebige Fernsehserie aus dem Jahr . Das klingt ungezogen genug, um das Interesse für die Lektüre zu wecken, aber nicht so ungezogen, dass Snoop Dogg es lesen würde. Was mich wiederum zu der interessanten Frage bringt: Was machen Sie hier eigentlich?

Das iPhone einschalten, ausschalten und in den Standby-Zustand versetzen

Um das iPhone einzuschalten, halten Sie die *Standby*-Taste an der Oberkante (links eingekreist) gedrückt. Einen Moment später erscheint das Apple-Logo und dann der Sperrbildschirm. Berühren Sie die Pfeilschaltfläche und schieben Sie sie nach rechts. Dadurch gelangen Sie zum Home-Bildschirm, Ihrer Ausgangsplattform zu all den verschiedenen Dingen, die Sie mit dem iPhone anstellen können. Wollen Sie das iPhone komplett ausschalten, drücken Sie wiederum die *Standby*-Taste und halten sie etwa vier Sekunden lang fest, bis der Schieberegler **Ausschalten** erscheint (siehe rechts). Berühren Sie ihn und schieben Sie ihn nach rechts. Der Bildschirm wird schwarz, und Sie sehen ein kleines, rundes Fortschrittssymbol, während das iPhone herunter-gefahren wird. Um den Akku zu schonen, wenn Sie das iPhone gerade nicht benutzen, drücken Sie einmal auf die *Standby*-Taste. Daraufhin ertönt ein Klicken und der Bildschirm wird schwarz. (Aber keine Angst, es kann immer noch Anrufe und Textnachrichten empfangen!) Um es wieder aufzuwecken, drücken Sie entweder erneut diese Taste oder die *Home*-Taste (die runde Taste unter dem Bildschirm). Übrigens, falls Sie auf Ihrem iPhone nichts tun, wird der Bildschirm nach etwa 45 Sekunden abgedunkelt (um den Akku zu schonen). Wenn Sie in den nächsten 15 Sekun-den immer noch nichts tun, geht das iPhone von selbst in den Standby-Modus über.

---

iTipp: Den Ausschaltvorgang abbrechen

Wenn Sie den Bildschirm zum Ausschalten sehen, sich dann aber überlegen, dass Sie das iPhone gar nicht ausschalten wollen, können Sie auf ABBRECHEN tippen. Dadurch gelangen Sie zu dem Bildschirm, auf dem Sie zuvor waren. Wenn Sie auf dem Ausschaltbildschirm etwa 30 Sekunden lang gar nichts tun, wird der Ausschaltvorgang ebenfalls abgebrochen.

Den Touchscreen des iPhones verwenden

Der Touchscreen des iPhone funktioniert erstaunlich gut. Um seine Möglichkeiten voll aus-schöpfen zu können, müssen Sie nur wenige Dinge lernen. Die drei wichtigsten Punkte sind:

1. Sie müssen nicht kräftig auf den Bildschirm drücken. Ein leichtes Antippen reicht aus, um eine App (kurz für »application«, also Anwendung) zu starten, eine Schaltfläche zu betäti-gen oder irgendetwas auszuwählen. Die Oberfläche ist erstaunlich empfindlich, was gut ist.

2. Sie können Ausschnitte einer Webseite, einer E-Mail, eines Fotos usw. auf folgende Weisen ganz einfach vergrößern:

    a) Doppeltippen Sie auf den Bereich, den Sie vergrößern wollen.

    b) Machen Sie eine »umgekehrte Kneifbewegung«, das heißt, drücken Sie Daumen und Zeigefinger außerhalb des Bildschirms zusammen, berühren Sie dann den Touchscreen und spreizen Sie dann die beiden Finger. Dabei wird der Bildausschnitt vergrößert. Zum Verkleinern berühren Sie den Bildschirm mit gespreizten Fingern – mit dem Zeigefinger am oberen und dem Daumen am unteren Rand – und kneifen Sie sie zusammen, bis sie sich berühren.

3. Um zu scrollen (also das Bild auf und ab und rechts und links zu verschieben) oder etwas zu bewegen (etwa einen Schieberegler), berühren Sie den Bildschirm sanft und »wischen« in die gewünschte Richtung. Um sich beispielsweise die Titelbilder der Alben in der App *Musik* anzusehen, berühren Sie eines der Alben mit dem Finger und machen eine Geste, als ob Sie weiterblättern wollten (wie beim Umblättern in einem Buch). Um eine schnellere Bewegung zu erzielen, wischen Sie schneller.

Zurück zum Home-Bildschirm

Der Home-Bildschirm ist die Ausgangsplattform für ... nun, alles. Hier befinden sich Ihre Apps, und dies ist auch die erste Stelle, die Sie aufsuchen, um die verschiedenen Aufgaben zu erledigen, ob Sie nun jemanden anrufen, ein Lied abspielen oder was auch immer tun möchten. Daher ist es notwendig, dass Sie eine Möglichkeit haben, um schnell dorthin zu gelangen. Aber wie? Nun, auf der Vorderseite des iPhones befindet sich eine einzige »physische« Taste (die Sie also anfassen können), und zwar unterhalb des Touchscreens. Ihr Hauptzweck besteht darin, Sie zurück zum Home-Bildschirm zu bringen, was auch immer Sie gerade tun. Drücken Sie diese Taste, so erscheint der Home-Bildschirm (siehe oben). Wenn Sie sie mehrmals drücken, geschehen natürlich andere Dinge, aber das werden wir uns später ansehen. Zunächst einmal reicht es zu wissen, dass Sie den Home-Bildschirm immer auf Knopfdruck erreichen können.

Jemanden anrufen

Tippen Sie auf dem Home-Bildschirm auf **Telefon**. Um die Nummer einzugeben, tippen Sie auf die Schaltfläche **Ziffernblock**, woraufhin ein Tastenfeld wie auf einem Standardtelefon erscheint. Geben Sie jetzt die gewünschte Nummer ein. (Dabei erklingen sogar die gleichen Wählgeräusche wie bei einem üblichen Telefon.). Anschließend tippen Sie auf die grüne Schaltfläche mit dem Telefonhörer. Um einen Anruf zu beenden, tippen Sie auf die rote Schaltfläche zum **Beenden**. Wenn Sie bei der Eingabe einen Fehler gemacht haben, tippen Sie auf die Zurück-Schaltfläche (rechts neben der Anrufschaltfläche mit dem Telefonhörer). Wollen Sie die Nummer der angerufenen Person zu Ihrer Kontaktliste hinzufügen (dabei handelt es sich um Grunde genommen um ein Adressbuch), tippen Sie vor dem Anruf auf die Schaltfläche links neben der mit dem Telefonhörer. Dadurch wird ein Menü angezeigt, in dem Sie einen neuen Kontakt für die Person mit dieser Nummer erstellen oder die Nummer zu einem bereits bestehenden Kontakt hinzufügen können. (Mehr darüber und über die tollen Telefonfunktionen des iPhone erfahren Sie in *Kapitel 2*.) Noch eines: Wenn jemand Sie anruft, wissen Sie auch ohne weitere Erklärungen, wie Sie vorgehen müssen (siehe die Abbildung rechts).

---

iTipp: Das Klingeln unterbinden

Wenn Sie den Klingelton des iPhone ausschalten wollen, schieben Sie den Schalter KLINGELN/AUS (oben an der linken Seite des iPhone) nach hinten. Daraufhin wird auf dem Bildschirm ein großes Symbol angezeigt. Um das Telefon wieder klingeln zu lassen, schieben Sie den Schalter nach vorn.

Den eingebauten Lautsprecher verwenden

TERRY WHITE

Tippen Sie einfach auf die Schaltfläche **Lautsprecher**, die während eines Anrufs auf dem Bild-schirm angezeigt wird. Dadurch wird die Schaltfläche in Blau angezeigt, um Sie darauf hinzu-weisen, dass die Freisprecheinrichtung eingeschaltet ist. Um sie wieder auszuschalten, tippen Sie erneut auf die blaue Schaltfläche.

---

iTipp: Die Privatsphäre schützen

Wollen Sie die Informationen auf Ihrem iPhone geheim halten? Dann schützen Sie das Gerät mit einem Passwort! Sie werden dann jedes Mal, wenn das iPhone aus dem Standbymodus erwacht, zur Eingabe eines Passworts aufgefordert. Mehr darüber erfahren Sie in Kapitel 7.

Textnachrichten senden

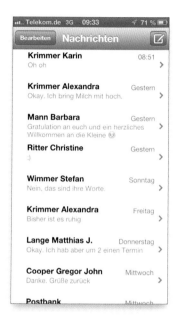 

Tippen Sie auf dem Home-Bildschirm auf **Nachrichten**. Wenn Sie zum ersten Mal eine Text-nachricht senden, werden Sie zum Bildschirm **Neue Nachricht** geführt, auf dem Sie Text eingeben und senden können. Tippen Sie später erneut auf **Nachrichten**, gelangen Sie zur Nachrichtenliste. Um von dort aus eine Nachricht zu senden, tippen Sie auf die Schaltfläche in der oberen rechten Ecke (die wie ein Blatt Papier mit einem Bleistift aussieht). Geben Sie in das Feld **An** die Telefonnummer oder die iMessage-Adresse ein (oder den Namen des Empfängers, wenn er bereits in der Kontaktliste verzeichnet ist – mehr darüber erfahren Sie in *Kapitel 2*). Tippen Sie dann einmal in das Feld rechts neben dem Kamerafeld und geben Sie Ihren Text ein. (Wozu das Kamerasymbol gut ist, erfahren Sie in *Kapitel 3*.) Wenn Sie mit dem Schreiben der Nachricht fertig sind, tippen Sie einfach auf die grüne Schaltfläche **Senden** (bei iMessage ist sie blau), und schon wird Ihre Botschaft losgeschickt. (Oben auf dem Bildschirm erscheint eine kleine Fortschrittsanzeige, sodass Sie genau sehen können, wie weit der Sendevorgang ist.) Das sind die Grundlagen zum Senden von Textnachrichten. In *Kapitel 3* erfahren Sie mehr über tolle weitere Sachen, die Sie in diesem Zusammenhang mit Ihrem iPhone anstellen können.

---

iTipp: Anruf oder Textnachricht verpasst?

Wenn sich das iPhone im Standby-Zustand befindet, verfolgt es alle Anrufe und Textnachrichten in der Mitteilungszentrale nach, sodass Sie dort leicht nachsehen können, was Sie verpasst haben. Um diese Meldungen zu erhalten, wischen Sie vom oberen Rand des Bildschirms nach unten, um die Mitteilungszentrale zu öffnen. Darin sehen Sie eine Liste aller Vorgänge, die Sie verpasst haben. Wenn Sie auf eine Text- oder Voicemail-Nachricht oder irgendeinen anderen hier aufgeführten Vor-gang reagieren wollen, tippen Sie einfach darauf. Dadurch wird die entsprechende App geöffnet.

Die eingebaute Tastatur verwenden

Wenn Sie auf Ihrem iPhone irgendetwas eingeben müssen, erscheint automatisch eine Tastatur auf dem Bildschirm. Die Tasten sind klein, aber immer wenn Sie eine Taste berühren, wird sie automatisch vergrößert, sodass Sie genau erkennen können, ob Sie die richtige getroffen haben. Aus eigener Erfahrung kann ich Ihnen versichern, dass es immer einfacher wird, diese Tastatur zu verwenden, je häufiger Sie sie nutzen. Wenn Sie sich also bei den ersten Versuchen bei jedem Wort vertippen, machen Sie sich keine Sorgen – ein, zwei Tage, und Sie vertippen sich nur noch bei jedem dritten oder vierten Wort. Es gibt auch eine ziemlich intelligente Auto- korrekturfunktion. Sie schlägt ein Wort vor, noch während Sie es eingeben. Machen Sie einfach weiter und geben Sie das Wort komplett ein (vor allem, wenn Sie sich bereits vertippt haben) oder drücken Sie die Leertaste, und die Autokorrekturfunktion wird das falsch geschriebene Wort durch das richtige ersetzen (zumindest in 95 Prozent der Fälle). Sie müssen sich erst ange- wöhnen, ein Wort zu Ende zu schreiben, auch wenn sie bereits feststellen, dass Sie sich vertippt haben. Wenn Sie das tun, werden Sie erstaunt sein, wie schnell Sie diese Tastatur verwenden können.

iTipp: Tippfehler korrigieren

Wenn Sie einen Tippfehler korrigieren müssen, den die Autokorrekturfunktion übersehen hat, berühren Sie den Bildschirm einfach ungefähr dort, wo der Fehler steht, bis ein Vergrößerungsglas angezeigt wird. Sie können jetzt nicht nur die Umgebung des Cursors genauer einsehen, sondern den Cursor auch mit dem Finger verschieben, um den Fehler schnell zu beheben.

Musik und Filme auf das iPhone herunterladen

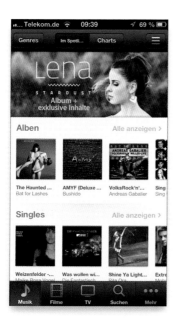 

Lieder, Fernsehsendungen, Filme, Podcasts, Musikvideos usw. können Sie mit der App *iTunes* drahtlos herunterladen. Diese Anwendung ist auf dem iPhone vorinstalliert und auf dem Home-Bildschirm zu finden. Tippen Sie einfach einmal auf **iTunes**, und schon landen Sie im iTunes Store. Dort können Sie auf einfache Weise nach Musik und Videos zum Kaufen und zum Ausleihen suchen und direkt auf das iPhone herunterladen. Es genügt vorerst zu wissen, dass Sie dort direkt auf Ihrem iPhone Musik und Videos kaufen können, ohne einen Computer einzusetzen.

Die Ansicht drehen vom Hoch- in das Querformat (und zurück)

Da das iPhone ein Telefon ist, halten Sie es wahrscheinlich vertikal (aufrecht) wie jedes andere Handy. Das iPhone war jedoch das erste Telefon, das die Anzeige automatisch ins Querformat umstellt, wenn Sie es auf die Seite drehen. Das ist äußerst praktisch, wenn Sie Filme ansehen. (Nun, das ist sogar mehr als nur praktisch – Filme werden automatisch im Querformat abgespielt, sodass Sie gezwungen sind, das iPhone auf die Seite zu drehen.) Darüber hinaus aber ist es auch nützlich, um eine breitere Touchscreen-Tastatur zur Verfügung zu haben, um einen größeren Ausschnitt einer Webseite zu sehen, Fotos größer darzustellen, mehr von Ihren E-Mails zu sehen usw. Bei den meisten Apps ist eine Anzeige im Querformat möglich. Probieren Sie es aus! Drehen Sie das iPhone auf die Seite, und schon wechselt die Ansicht ins Querformat. Coole Sache!

Das iPhone aufladen

Es gibt zwei Möglichkeiten, das iPhone aufzuladen:

1. Mit dem Wechselstromadapter. Dabei wird das eine Ende über das mitgelieferte weiße USB-Kabel mit dem Lightninganschluss unten am iPhone verbunden und das andere mit einer normalen Steckdose.

2. Das iPhone wird auch immer aufgeladen, wenn Sie es an Ihren Computer anschließen. Dazu können Sie dasselbe USB-Kabel verwenden, müssen dazu aber den Stromstecker an einem Ende entfernen, um den USB-Standardstecker zum Vorschein zu bringen. Verbinden Sie ein Ende mit dem Lightninganschluss unten am iPhone und das andere mit dem USB-Anschluss des Computers.

Beim Aufladen des iPhone wird auf dem kleinen Batteriesymbol oben rechts auf dem Bildschirm ein Blitz angezeigt. Ist der Akku voll geladen, erscheint stattdessen das Symbol eines Stromsteckers. (*Hinweis:* Es gibt auch andere Möglichkeiten, um das iPhone zu laden, z.B. über den Zigarettenanzünder im Auto, aber die dazu erforderlichen Adapter müssen Sie zusätzlich kaufen.)

> ### 🛜 iTipp: Aufladen über den Computer
>
> *Sie können das iPhone zwar direkt über den USB-Anschluss eines Computers laden, wenn der Computer in den Standby-Zustand übergeht, kann es vorkommen, dass der Akku nicht geladen, sondern noch weiter geleert wird. Außerdem reicht die Ladekapazität möglicherweise nicht aus, wenn Sie das iPhone an einen USB-Hub anschließen. Es ist immer am besten, es direkt mit einem USB-Anschluss am Computer selbst zu verbinden.*

Kapitel 2

Sprechende Köpfe

Die Telefonfunktion verwenden

 Eigentlich dachte ich, »Phoneheads« (statt »Talking Heads«) sei ein großartiger Name für dieses Kapitel. Es ist nicht der Titel eines Liedes, sondern der Name einer Band, die elektronische Musik macht, weshalb Sie wahrscheinlich nie von ihr gehört haben. Wahrscheinlich hören Sie keine elektronische Musik. Ich rede hier nicht über Musik, die mit elektronischen Hilfsmitteln erzeugt wird (wie E-Gitarren oder Synthesizern), sondern über die, die Ihre Teenager spielen, was Sie dazu veranlasst, den Kopf zu schütteln und ihnen angewidert mitzuteilen: »Das ist keine Musik!« Dann hören Sie eines Tages im Autoradio auf dem Oldie-Sender »Jamie's Cryin'« von Van Halen, schauen Ihre Kinder im Rückspiegel an und sagen: »*Das* ist Musik!« Die traurige Wahrheit ist, dass Sie Recht haben. Das war noch Musik! Während der Kram, den die Kinder von heute hören, nicht mehr ist als ein akustischer Angriff auf alles, was uns an »echter« Musik heilig ist: weiße Stirnbänder, dünne Schlipse, Bollerhosen, lange Haare, die Motorhaube des Autos von *Whitesnake*, billiges Benzin und Kassettenrekorder. Ja, *das* war noch Musik! Ich kann mir ruhig leisten, das zu sagen, da Sie sich schließlich ein iPhone geleistet haben. Das bedeutet, dass Sie wohlhabend sind (oder verschwenderisch), denn iPhones sind nicht gerade billig. Wahrscheinlich sind Sie also in den spätern 30ern oder früheren 40ern und halten elektronische Musik auch nicht für Musik, sodass Sie zu dem, was ich zuvor gesagt habe, bestimmt genickt haben. Es gibt jedoch noch eine andere mögliche Situation: Sie sind jung, haben reiche Eltern und haben sich ein iPhone zugelegt, weil Sie verschwenderisch sind. In diesem Fall sollten Sie sich das Stück »Syrinx (TGM Mix)« von den Phoneheads anhören. Ich liebe es!

Kontakte vom Computer importieren

Als Benutzer eines Macs können Sie Kontakte über verschiedene Verwaltungsprogramme in Ihr iPhone importieren: (1) über die Anwendung *Adressbuch* auf dem Mac, (2) über Microsoft Outlook, (3) über das Yahoo!-Adressbuch und (4) über Google Contacts. Wenn Sie Ihre Kontakte in einer dieser vier Anwendungen vorliegen haben, wird beim Anschließen des iPhone an den Computer iTunes gestartet (siehe oben). Sofern die entsprechende Voreinstellung eingerichtet ist, werden die Kontakte auf dem Computer mit denen auf dem iPhone synchronisiert. Sie können auch im Hauptfenster von iTunes auf den Titel **Info** klicken und auswählen, welche Kontakte synchronisiert werden sollen. Befinden sich die Kontaktdaten auf dem Microsoft Exchange-Server Ihrer Firma, wenden Sie sich an die IT-Abteilung, um zu erfahren, welche Einstellungen Sie verwenden müssen.

Als Benutzer eines Windows-PCs haben Sie ähnliche Möglichkeiten. Hier stehen zur Kontaktverwaltung folgende Programme zur Verfügung: (1) Yahoo!-Adressbuch, (2) Windows Kontakte, (3) Microsoft Outlook und (4) Google Contacts. Als Benutzer eines firmeneigenen Microsoft Exchange-Servers können Sie Ihre Kontakte auch drahtlos empfangen. Wiederum erfahren Sie die notwendigen Einstellungen von Ihrer IT-Abteilung.

Wenn Sie Ihre Kontakte in einem iCloud-Account speichern, können Sie das iPhone über die iCloud-Einstellungen in der App *Einstellungen* zur Synchronisierung einrichten. (Mehr darüber erfahren Sie in *Kapitel 9*.)

Eine Telefonnummer wählen

Wenn Sie eine Telefonnummer wählen möchten, tippen Sie auf die App *Telefon* und dann auf **Ziffernblock**, um das oben dargestellte Tastenfeld anzeigen zu lassen. Tippen Sie dann auf die Ziffernschaltflächen. Wenn Sie einen Fehler gemacht haben, tippen Sie auf die Zurück-Schaltfläche (rechts neben der grünen Anrufschaltfläche mit dem Telefonhörer), um die letzte Ziffer zu löschen. Nachdem Sie die Nummer komplett eingegeben haben, tippen Sie auf die grüne Telefonhörerschaltfläche.

---

iTipp: Wahlwiederholung

*Wollen Sie die letzte manuell eingegebene Nummer erneut wählen, tippen Sie in der App **Telefon** auf Z<small>IFFERNBLOCK</small> und dann auf die Telefonhörerschaltfläche. Dadurch wird die letzte manuell eingegebene Nummer angezeigt. Jetzt müssen Sie nur noch ein weiteres Mal auf die Telefonhörerschaltfläche tippen, und schon wird die Nummer gewählt.*

Eine gewählte Nummer als Kontakt speichern

Wenn Sie gerade eine Nummer mithilfe des Ziffernblocks eingegeben haben und sie als Kontakt speichern müssen (damit Sie sie in Zukunft nicht erneut eingeben müssen), tippen Sie auf die Schaltfläche zum Hinzufügen eines Kontakts (links neben der grünen Telefonhörerschaltfläche). Dadurch wird ein Menü geöffnet, in dem Sie wählen können, ob Sie für diese Nummer einen ganz neuen Kontakt erstellen oder ob Sie sie einem bereits vorhandenen Kontakt Ihrer Liste hinzufügen möchten.

Einen Anrufer in einen Kontakt umwandeln

Wenn Sie jemand anruft, der nicht in Ihrer Kontaktliste steht (den Sie aber darin aufnehmen möchten), tippen Sie auf die App *Telefon* und dann auf **Anrufliste**. Suchen Sie die Nummer der gewünschten Person aus und tippen Sie auf die Schaltfläche rechts daneben, die einen Pfeil in einem blauen Kreis zeigt. Dadurch wird ein Informationsbildschirm angezeigt. Tippen Sie an dessen unterem Rand auf **Neuen Kontakt erstellen**. Daraufhin wird der Bildschirm **Neuer Kontakt** eingeblendet, auf dem die Telefonnummer bereits eingetragen ist. Sie müssen nur noch den Namen, die Adresse usw. ergänzen. Tippen Sie anschließend unten rechts auf **Fertig**.

---

iTipp: Notizen zu Kontakten hinzufügen

*Wenn Sie einem Kontakt eine Notiz hinzufügen möchten (z.B. eine Angabe, wer diese Person ist oder woher Sie sie kennen), tippen Sie auf den Kontakt und dann auf dem Informationsbildschirm auf **Bearbeiten**. Scrollen Sie im Bearbeitungsbildschirm nach unten und tippen Sie auf **Feld hinzufügen**. Nun scrollen Sie erneut nach unten und tippen auf **Notizen**, um ein Notizenfeld hinzuzufügen. Darin können Sie Ihre Bemerkung über die Tastatur eingeben, die am unteren Rand des Bildschirms erscheint.*

Einen Kontakt anrufen

Tippen Sie auf die App *Telefon* und dann auf **Kontakte** (das war jetzt zugegebenermaßen ziemlich offensichtlich). Anschließend tippen Sie auf den Namen der gewünschten Person in der Liste. Dadurch werden die kompletten Informationen über diesen Kontakt angezeigt, unter anderem auch sämtliche Telefonnummern, die Sie dafür gespeichert haben (Privatanschluss, Durchwahl bei der Arbeit, Handynummer usw.). Um eine dieser Nummern zu wählen, tippen Sie einmal darauf.

---

iTipp: Zum richtigen Buchstaben springen

Wenn Sie in der Liste ALLE KONTAKTE zu den Kontakten mit einem bestimmten Anfangsbuchstaben springen möchten, tippen Sie auf den Buchstaben in der alphabetischen Liste auf der rechten Bildschirmseite. Sie können auch tippen, den Finger auf dem Bildschirm halten und die Liste nach oben oder unten verschieben.

Beim Telefonieren nach E-Mails sehen

Stellen Sie sich vor, dass Sie während eines todlangweiligen Telefonats das tun wollen, was auch alle anderen tun – nämlich nachsehen, ob Sie neue E-Mails erhalten haben. Das geht viel einfacher, wenn Sie auf **Lautsprecher** tippen (sodass Sie immer noch hören können, was Ihr Gesprächspartner sagt, während Sie sich den Bildschirm ansehen). Drücken Sie dann die Home-Taste und tippen Sie auf **Mail**. Keine Angst – das Telefonat läuft weiter, auch wenn Sie zwischendurch etwas anderes tun. Um zum Anrufbildschirm zurückzukehren, tippen Sie einfach ganz oben auf den Bildschirm (auf **Zum Anruf zurück? Hier tippen!**). *Hinweis*: Bei den meisten EDGE-Netzwerken ist es nicht möglich, während des Telefonierens nach Ihren E-Mails zu sehen oder im Web zu surfen, mit 3G oder wenn Sie gleichzeitig mit einem WLAN verbunden sind, funktioniert es dagegen in der Regel gut. Außerdem kann es je nach Mobilfunkanbieter unterschiedlich gut klappen. (Nicht schießen, ich bin nur der Überbringer schlechter Nachrichten!)

Anruf verpasst?

Wenn das iPhone aus dem Standby-Zustand aufwacht, wird auf dem Sperrbildschirm eine Liste aller Anrufe angezeigt, die Sie in der Zwischenzeit verpasst haben. Um auf einen davon zu antworten, tippen Sie auf das Telefon-Icon und wischen Sie es nach rechts. Verpasste Anrufe werden auch im Benachrichtigungscenter des iPhone angezeigt (das Sie von jedem beliebigen Bildschirm aus öffnen können, indem Sie einfach nach unten wischen). Was Sie dort sehen, ist eine Liste aller Anrufer (wenn sich der Betreffende in der Kontaktliste befindet, wird der Name angezeigt, ansonsten die Nummer). Haben die Anrufer eine Voicemail hinterlassen, wird auch dies angegeben (statt einfach nur »Verpasster Anruf«). Tippen Sie auf einen verpassten Anruf, so wird die betreffende Person zurückgerufen. Beim Antippen einer Voicemail wird die Nachricht geöffnet und abgespielt. Wenn Sie darauf verzichten, das Benachrichtigungscenter zu öffnen, wird in der oberen rechten Ecke des Symbols für die Anwendung *Telefon* ein kleiner roter Kreis mit der Anzahl der Anrufe angezeigt, die Sie verpasst haben oder die eine Voicemail hinterlassen haben. Um diese Anrufe einzusehen, tippen Sie auf das Symbol für *Telefon* und dann auf **Anrufliste** oder **Voicemail**, um die verpassten Anrufe bzw. die Voicemails anzuzeigen. Das alles können Sie jedoch einfacher im Benachrichtigungscenter erledigen, indem Sie es einfach nach unten wischen (das spart Zeit und einige zusätzliche Berührungen des Bildschirms).

Verpasste Anrufe beantworten

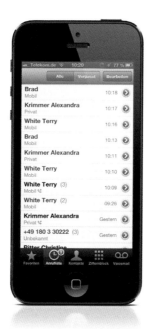

Tippen Sie auf die App *Telefon* und dann am unteren Bildschirmrand auf **Anrufliste**. Dadurch wird eine Liste der letzten Anrufe angezeigt, wobei diejenigen, die Sie verpasst haben, in Rot dargestellt werden. Wenn Sie nur diese anzeigen lassen wollen, tippen Sie oben auf **Verpasst**. Um zurückzurufen, tippen Sie auf den verpassten Anruf. Daraufhin wird automatisch die richtige Nummer gewählt. (*Hinweis:* Oben rechts in der Schaltfläche **Anrufliste** wird die Anzahl der verpassten Anrufe in einem kleinen, roten Kreis angezeigt.) Wenn Sie einen Anruf mit einer fremden Vorwahl erhalten, wird der Ort rechts unterhalb der Nummer angezeigt. Auch die Beantwortung verpasster Anrufe können Sie im Benachrichtigungscenter vornehmen, indem Sie einfach auf einem beliebigen Bildschirm von oben nach unten wischen und dann auf den gewünschten verpassten Anruf tippen.

---

iTipp: Wahlwiederholung

Wollen Sie die letzte manuell eingegebene Nummer erneut wählen, tippen Sie in der App Telefon auf Ziffernblock *und dann auf die Telefonhörerschaltfläche. Dadurch wird die letzte manuell eingegebene Nummer angezeigt. Jetzt müssen Sie nur noch ein weiteres Mal auf die Telefonhörerschaltfläche tippen, und schon wird die Nummer gewählt.*

Haben Sie Voicemails erhalten?

Hat ein Anrufer eine Voicemail hinterlassen, so sehen Sie seinen Namen auf dem Bildschirm (sofern er in Ihrer Kontaktliste steht, anderenfalls wird die Telefonnummer angezeigt), sobald das iPhone aus dem Standbymodus erwacht oder wenn Sie auf einem beliebigen Bildschirm von oben nach unten wischen, um das Benachrichtigungscenter zu öffnen. Wenn Sie auf das grüne Symbol der App *Telefon* tippen, wird die Schaltfläche **Voicemail** angezeigt, in deren oberer rechter Ecke sich ein kleiner, roter Kreis mit der Anzahl der wartenden Nachrichten befindet. Um eine Liste der Voicemails einzusehen (ja, sie werden tatsächlich in Listenform dargestellt, weshalb Apple von »Visual Voicemail« spricht), tippen Sie auf **Voicemail**. Daraufhin werden alle Kontakte (oder Telefonnummern) angezeigt, die Ihnen eine Voicemail hinterlassen haben. Die Nachrichten, die Sie noch nicht abgehört haben, sind mit einem blauen Punkt gekennzeichnet.

Voicemails abhören und löschen

Das Schöne an diesem System ist, dass Sie sich die Nachrichten nicht in einer bestimmten Reihenfolge anhören müssen, sondern direkt auf diejenige tippen können, an der Sie gerade interessiert sind. Um sich die Nachrichten über den Lautsprecher des iPhone anzuhören, tippen Sie oben rechts auf **Lautsprecher**. Während die Nachricht abgespielt wird, wandert die Anzeige der Fortschrittsleiste von links nach rechts. So sehen Sie, wie lang die Nachricht ist. Der besondere Kniff: Wenn Sie zum ersten Mal auf die Nachricht tippen, wird sie automatisch abgespielt. Tippen Sie aber darauf, wenn Sie sie schon gehört haben, erscheint davor eine kleine Pause/Wiedergabe-Schaltfläche. Um die Nachricht noch einmal zu hören, tippen auf die blaue Schaltfläche. Wollen Sie die Wiedergabe anhalten, tippen Sie erneut darauf. Um zurückzurufen, tippen Sie auf die Nachricht und dann auf die grüne Schaltfläche **Anrufen**. Wollen Sie die Nachricht entfernen, tippen Sie darauf und dann auf die rote Schaltfläche **Löschen**. Dabei wird die Nachricht jedoch nicht vollständig vom iPhone entfernt, sondern nur in einen Löschbereich verschoben (ähnlich wie Dateien auf einem Computer, die Sie in den Papierkorb verschieben). Sie können die gelöschten Nachrichten immer noch sehen und anhören, indem Sie am Ende der Voicemailliste auf **Gelöscht** tippen. (Ja, ich weiß, das ist offensichtlich.) Von diesem Bereich aus können Sie eine gelöschte Nachricht auch wieder in die reguläre Liste verschieben, indem Sie darauf tippen und dann auf die graue Schaltfläche **Widerrufen**. Wollen Sie die gelöschten Voicemails endgültig von Ihrem IPhone entfernen, müssen Sie auf dem Bildschirm **Gelöscht** auf **Alle entfernen** tippen. Natürlich können Sie eine Nachricht auch im Benachrichtigungs-center abspielen (wischen Sie einfach auf einem beliebigen Bildschirm von oben nach unten, um es zu öffnen). Dort sehen Sie eine Liste der zuletzt eingegangenen Voicemails. Um sich eine davon anzuhören, tippen Sie auf den Namen des Anrufers (bzw. die Telefonnummer). Daraufhin wird der oben angezeigte Voicemail-Bildschirm geöffnet und die Nachricht automatisch abgespielt.

Voicemail-Ansage aufzeichnen

Standardmäßig erhalten Sie eine allgemeine Ich-bin-nicht-da-Voicemail, aber Sie können ganz einfach Ihre eigene Nachricht aufzeichnen. Tippen Sie einfach auf **Voicemail** und dann in der oberen linken Ecke des Voicemail-Bildschirms auf **Begrüssung**, um den Begrüßungsbildschirm zu öffnen. Hier haben Sie zwei Möglichkeiten zur Auswahl, nämlich **Standard** (die vorgefertigte allgemeine Begrüßung) und **Eigene** (womit Sie Ihre eigene Nachricht erstellen können). Wenn Sie auf **Eigene** tippen, erscheinen unten auf dem Bildschirm die Schaltflächen **Abspielen** und **Aufnehmen**. Tippen Sie auf **Aufnehmen**, halten Sie das iPhone ans Ohr und sprechen Sie Ihre Nachricht. Wenn Sie fertig sind, tippen Sie auf die rote Schaltfläche **Stopp**. Zum Anhören tippen Sie auf die blaue Schaltfläche **Abspielen**. Sollte Ihnen nicht gefallen, was Sie hören, tippen Sie erneut auf die weiße Schaltfläche **Aufnehmen**, um eine neue Nachricht aufzunehmen. Ist alles zu Ihrer Zufriedenheit, tippen Sie oben rechts auf **Sichern**.

---

iTipp: Nachrichten singen

Singen Sie keine Nachrichten in Ihr iPhone! Apple hat einen Sensor entwickelt, der Ihre Stimme analysiert und schlechten Gesang erkennen kann. Wenn er feststellt, dass Sie wirklich miserabel singen, wird Ihre Nachricht automatisch zusammen mit einem Bild von Ihnen an YouTube weiterge- leitet und dort im Forum für öffentliche Demütigung eingestellt. Nun, zumindest hat man mir das so berichtet.

Kurzwahl auf dem Handy

»Kurzwahl« heißt auf dem iPhone »Favoriten«. Um einen Kontakt zu einem Favoriten zu machen, tippen Sie einfach in der Kontaktliste auf den gewünschten Namen, um den Bildschirm
mit den vollständigen Kontaktinformationen anzuzeigen. In der unteren rechten Ecke dieses
Bildschirms tippen Sie dann auf **Zu Favoriten** (in der Abbildung rot eingekreist). Wählen Sie
dann, ob es sich um einen Telefon- oder einen FaceTime-Favoriten handeln soll. Es gibt jedoch
noch eine andere Möglichkeit. Dazu müssen Sie den Bildschirm **Favoriten** öffnen (tippen Sie
dazu in der App *Telefon* auf die Schaltfläche **Favoriten**) und dort auf das kleine Pluszeichen in
der oberen rechten Ecke. Dadurch wird die Kontaktliste geöffnet. Hier müssen Sie nur noch
auf den Namen des Kontakts hinzufügen, den Sie zu den Favoriten hinzufügen möchten. Hat
der Kontakt nur eine Telefonnummer (also z.B. nur eine Festnetz- oder eine Handynummer),
müssen Sie nur noch auswählen, ob er zu den Telefon- oder den FaceTime-Favoriten hinzugefügt werden soll. Daraufhin wird der Kontakt automatisch in die entsprechende Favoritenliste
aufgenommen. Wenn der Kontakt über mehrere Nummern verfügt, werden alle angezeigt,
sodass Sie auswählen können, welche davon als Favorit gespeichert werden soll.

Neue Kontakte erstellen

Wollen Sie einen ganz neuen Kontakt erstellen, tippen Sie auf die App *Telefon*, darin auf
Kontakte und dann auf das Pluszeichen in der oberen rechten Ecke, wodurch der Bildschirm
Neuer Kontakt geöffnet wird. Tippen Sie auf die Felder für die Informationen, die Sie hinzufügen möchten. Wollen Sie beispielsweise die E-Mail-Adresse des Kontakts speichern, tippen Sie
auf **Privat: E-Mail** und geben die Adresse über die Tastatur in der unteren Bildschirmhälfte ein.
(Sie können **Privat** in **Arbeit** oder **Andere** ändern, indem Sie darauf tippen, oder eine eigene
Bezeichnung eingeben.) Wenn Sie die E-Mail-Adresse eingegeben haben, scrollen Sie weiter,
um die restlichen Informationen auf die gleiche Weise hinzuzufügen. Haben Sie alle Kontaktinformationen eingegeben, tippen Sie oben rechts auf **Fertig**.

---

iTipp: Zurück zum vorhergehenden Bildschirm

*Mit dem folgenden Tipp können Sie sich besser auf dem iPhone zurechtfinden: Oben links auf
einem Bildschirm befindet sich meistens eine Zurück-Schaltfläche, die wie in einem Browser
funktioniert – wenn Sie darauf tippen, gelangen Sie zum Bildschirm zurück, auf dem Sie sich zuvor
befanden.*

Nach Kontakten suchen

Oberhalb Ihrer Kontaktliste (sowohl in der App *Telefon* als auch in *Kontakte*) befindet sich ein *Suchfeld*. Wenn Sie darauf tippen, wird die Tastatur eingeblendet. Jetzt können Sie den Namen des Kontakts eingeben, nach dem Sie suchen, woraufhin das iPhone sofort damit beginnt, die angezeigten Namen auf diejenigen zu beschränken, die mit der bisherigen Eingabe übereinstimmen. Sobald Sie den Namen sehen, den Sie haben wollen, können Sie mit der Eingabe aufhören und auf den Kontakt tippen, um den Informationsbildschirm zu öffnen. Mit *Spotlight* können Sie auch eine systemweite Suche durchführen. Um diese Funktion aufzurufen, müssen Sie auf dem ersten Home-Bildschirm entweder *Home* drücken oder nach rechts wischen.

---

iTipp: Die Suche einengen

*Wenn Sie die Trefferliste noch weiter einengen wollen, geben Sie den ersten Buchstaben des Vornamens, ein Leerzeichen und den ersten Buchstaben des Nachnamens ein. Dadurch wird die Liste der angezeigten Kontakte auf diejenigen mit diesen Initialen beschränkt. Um zu dem gewünschten Namen zu gelangen, können Sie mit der Eingabe fortfahren. Wenn Sie also beispielsweise Hans Mustermann suchen, geben Sie **H Mus** ein. Dadurch schrumpft die Liste schneller zusammen, als wenn Sie erst jeden Hans angezeigt bekommen.*

Den Klingelton wählen

Der Standardklingelton für das iPhone ist ein Marimbaklang. Wenn Sie ihn ändern wollen, tippen Sie auf die App *Einstellungen* und darin auf **Töne**, auf **Klingel- und Hinweistöne** und schließlich auf **Klingelton**. Dadurch gelangen Sie zu einem Bildschirm, auf dem alle mitgelieferten und alle auf das iPhone übertragenen Klingeltöne aufgeführt werden. Rechts neben dem Eintrag **Marimba** steht ein Häkchen, was bedeutet, dass dies der aktuelle Klingelton ist. Um ihn zu ändern, tippen Sie auf den Namen des gewünschten Klingeltons. Dieser wird abgespielt, sodass Sie sich überlegen können, ob Sie ihn wirklich haben wollen. Wenn ja, lassen Sie den Bildschirm **Klingelton** unverändert. Tippen Sie in der oberen linken Ecke auf **Töne** oder drücken Sie *Home*.

Einzelnen Anrufern besondere Klingeltöne zuweisen

Wenn Sie einem einzelnen Kontakt einen bestimmten Klingelton zuweisen möchten (beispielsweise habe ich der Handynummer meiner Frau einen besonderen Ton zugewiesen, sodass ich sofort weiß, dass sie am Apparat ist, ohne dass ich auf das Display schauen muss), gehen Sie folgendermaßen vor: Tippen Sie auf die App *Telefon* und auf die Schaltfläche **Kontakte**. Wählen Sie den gewünschten Kontakt aus, tippen Sie oben rechts auf dem Infobildschirm auf **Bearbeiten** und dann neben **Klingelton** auf **Standard**. Dadurch gelangen Sie auf den Bildschirm **Klingelton**. Um dem Kontakt einen dieser Töne zuzuweisen, tippen Sie einmal auf den gewünschten Klang (dabei wird er kurz angespielt). Haben Sie einen passenden Klingelton gefunden, tippen Sie oben rechts auf **Sichern**. Dadurch gelangen Sie zum Infobildschirm des Kontakts zurück, auf dem im Feld **Klingelton** jetzt bereits der Name des neues Klingeltons angezeigt wird. Tippen Sie auf **Fertig**. Wenn dieser Kontakt anruft, hören Sie jetzt den ausgewählten Klingelton und nicht den Standardklingelton, der bei allen anderen Anrufern ertönt.

Einrichtung für FaceTime-Videoanrufe

Für einen FaceTime-Videoanruf müssen beide Teilnehmer über ein iPhone 4, 4S oder 5, einen Mac oder ein anderes iOS-Gerät verfügen, das FaceTime unterstützt. (Mit einem iPhone 3GS sind Videoanrufe nicht möglich, da es keine Kamera an der Vorderseite hat.) Außerdem müssen Sie sich entweder in einem WLAN befinden, oder Ihr Anbieter unterstützt FaceTime über das Telefonnetz. Wenn eine der beide Bedingungen erfüllt sind, müssen Sie nur noch die FaceTime-Funktion einschalten (was nur ein einziges Mal erforderlich ist). Tippen Sie auf die App *Einstellungen*, scrollen Sie nach unten, tippen Sie auf **FAceTime** und aktivieren Sie diese Funktion, indem Sie auf den Ein/Aus-Schalter tippen. Jetzt ist Ihr iPhone für FaceTime-Videoanrufe eingerichtet. Da es sich bei FaceTime im Grunde genommen um eine Internetanwendung handelt, fallen dadurch keine Mobilfunkgebühren an. (Gute Sache, oder?)

Einen FaceTime-Videoanruf tätigen

Nachdem Sie Ihr iPhone für FaceTime eingerichtet haben, können Sie Videoanrufe auf vier verschiedene Weisen durchführen:

1. Tippen Sie auf die App *Telefon* und dann auf **Kontakte**, um die Person zu finden, die Sie anrufen möchten. Auf dem Infobildschirm des Kontakts tippen Sie auf **FaceTime** (in der linken Abbildung eingekreist). Hat diese Person mehr als eine Telefonnummer oder E-Mail-Adresse (Privatanschluss, Handy usw.), wird eine Liste angezeigt. Tippen Sie dort auf den gewünschten Eintrag (denken Sie daran, dass Sie ein iOS-Gerät anrufen müssen!), und schon wird der FaceTime-Anruf getätigt.

2. Führen Sie über die App *Telefon* einen regulären iPhone-Anruf durch. Sobald sich die angerufene Person meldet, können Sie auf **FaceTime** tippen (in der rechten Abbildung eingekreist), um zum Videoanruf umzuschalten.

3. Haben Sie vor kurzem eine FaceTime-Unterhaltung geführt, wird der Name (oder die Tele-fonnummer) des Gesprächspartners in der Anrufliste der App *Telefon* zusammen mit einem Kamerasymbol angezeigt. Wenn Sie auf den Namen tippen, um ihn anzurufen, wird ein FaceTime-Anruf getätigt.

4. Wenn Sie jemanden über FaceTime anrufen wollen, der nicht über ein iPhone verfügt (son-dern über ein iPad 2 oder einen iPod touch), können Sie die FaceTime-E-Mail-Adresse dieser Person auswählen.

Bei allen diesen Methoden muss die angerufene Person Ihre Einladung zu einem FaceTime-Gespräch akzeptieren. Sobald sie auf **Annehmen** tippt, beginnt das Videogespräch.

Während des FaceTime-Anrufs

Die Kamera an der Vorderseite wird eingeschaltet und zeigt eine Vorschau des Bildes, das Ihr Gesprächspartner sieht. Sobald er den Anruf annimmt, schrumpft diese Anzeige zu einem Vorschaubild in der oberen rechten Ecke und das Videobild des Angerufenen erscheint. Jetzt können Sie sich wie mit einer Freisprecheinrichtung unterhalten. Wenn Sie die Videoübertragung unterbrechen müssen (aber die Unterhaltung weiterlaufen soll), drücken Sie die Taste *Home*. Um zum Video zurückzukehren, tippen Sie auf die grüne Leiste am oberen Bildschirmrand. Zum Stummschalten des Mikrofons tippen Sie auf das entsprechende Symbol unten links. Normalerweise sieht Ihr Gesprächspartner Sie bei einem FaceTime-Anruf, allerdings können Sie auch zu der Kamera auf der Rückseite des iPhones umschalten, sodass er sieht, worauf Sie das Gerät richten. Dazu verwenden die Schaltfläche unten rechts auf dem Bildschirm, auf der eine Kamera mit einem kreisförmigen Pfeil abgebildet ist. Das kleine Vorschaubild in der oberen rechten Ecke zeigt jetzt das Bild, das die Kamera auf der Rückseite des iPhones liefert, sodass Sie erkennen können, was Ihr Gesprächspartner sieht. Sie können die Kamera auch für einen breiteren Bildausschnitt auf die Seite drehen. Um wieder zur vorderen Kamera zu wechseln, tippen Sie erneut auf das Umschaltsymbol. Zum Beenden des Gesprächs tippen Sie auf auf **Beenden**.

📶   **iTipp: Das Vorschaufenster verschieben**

Während eines FaceTime-Anrufs wird das, was Ihre Kamera sieht, in einem kleinen Vorschaubild in der oberen rechten Ecke angezeigt. Wenn es den Blick auf etwas verstellt, das Sie sehen möchten, können Sie es verschieben, indem Sie es berühren, den Finger darauf halten und es in eine andere Ecke ziehen.

FaceTime ohne Mobilfunkgebühren

Eine der verborgenen Kostbarkeiten der FaceTime-Funktion besteht darin, dass Sie über eine WLAN-Verbindung läuft. Solange Sie und Ihr Gesprächspartner ein iPhone 4, 4S oder 5 (oder ein anderes kompatibles iOS-Gerät) verwenden und sich in einem WLAN befinden, können Sie daher unbegrenzt FaceTime-Gespräche führen, ohne dass dafür Mobilfunkgebühren anfallen. Das ist großartig für Auslandsreisen oder in anderen Situationen, in denen Sie ansonsten teure Anrufe aus einem fremden Netz tätigen müssten. Und wenn es Ihr Mobilfunkbetreiber erlaubt, geht es auch über das Telefonnetz.

Kapitel 3

Flaschenpost
Textnachrichten senden

»Flaschenpost« (»Message in a Bottle« von *The Sheriffs*) ist ein besserer Titel für dieses Kapitel, als es auf den Blick scheinen mag, denn schließlich gibt es nirgendwo in Ihrem iPhone die Beschriftung »Texte«. Stattdessen erstellen Sie Textmitteilungen mithilfe einer App namens *Nachrichten* (also tatsächlich »Messages«). Ich weiß, was Sie jetzt denken: »Müsste eine App namens *Nachrichten* nicht das Programm sein, in dem Sie Voicemails abrufen?« Das aber heißt *Voicemail* (und ist innerhalb der App *Telefon* zu finden). Hätte Apple die App dann nicht einfach *Textnachrichten* oder *Text* nennen können? Sicher. Aber könnte man *The Police* (die »Message in a Bottle« gesungen haben) dann nicht auch *The Sheriffs* nennen, da Sheriffs nun mal eine Art Polizei sind)? Sehen Sie, deswegen kommen wir nicht weiter. In der geheimen Welt der App-Benennung bekommt derjenige, der den am weitesten vom eigentlichen Verwendungszweck entfernten Namen für eine Anwendung austüftelt, am Jahresende eine Riesenprämie (und eine große Trophäe, die er dann beim Kürlaufen über seinen Kopf hält). *Nachrichten* jedoch ist gar kein schlechter Name, da er ja schließlich die eine Hälfte des Begriffs »Textnachrichten« bildet. Die Person, die sich diesen Namen ausgedacht hat, wird so bald keine Kür mit einer Trophäe laufen – ebensowenig wie die Person, die für die Namen *Aktien*, *Wetter*, *Kamera*, *Fotos*, *Karten*, *Kalender*, *Mail*, *Telefon* oder *Uhr* verantwortlich ist. Ehrlich besagt, bezweifle ich, dass irgendjemand bei Apple in diesem Jahr den Preis gewinnen wird, da diese Namen alle viel zu sinnvoll sind. Wie Sie wissen, hat Microsoft inzwischen sein eigenes Windows-Smartphone herausgebracht. Ich habe zwar noch keines gesehen (ich glaube auch nicht, ob es überhaupt schon irgendjemand gesehen hat), aber da der Firmenslogan nun mal »Einfache Alltagsaufgaben immer ein bisschen schwieriger gestalten« lautet, kann ich mir vorstellen, dass die Apps sehr microsoftartig benannt sind. So könnte die App für Textnachrichten beispielsweise *Bing XP* heißen, die Telefon-App *Excel Chart* und die Kalender-App vielleicht *Office Bing*. Angeblich soll der ursprünglich vorgeschlagene Name für das Windows-Telefon »Zune iBing Vista Maintenance Pack 4a.10B« gelautet haben.

Textnachrichten senden

Tippen Sie auf die App *Nachrichten* und dann auf die Schaltfläche, die ein Viereck mit einem Bleistift darin zeigt (oben rechts auf dem Bildschirm). Dadurch wird der Bildschirm **Neue Nachricht** geöffnet. Sobald Sie oben damit beginnen, den Namen des Kontakts einzugeben, wird nach einer Übereinstimmung in der Kontaktliste gesucht. Ist der Empfänger nicht in dieser Liste verzeichnet, geben Sie einfach die Telefonnummer ein. Anschließend tippen Sie in das Feld über der Tastatur, geben dort den Text Ihrer Nachricht ein und tippen auf die grüne Schaltfläche **Senden**. Ihre eigenen Nachrichten werden in grünen Sprechblasen angezeigt, Antworten in grauen. Grafisch wird das in Form einer Unterhaltung angeordnet. Geht die Textnachricht an einen Empfänger, der über ein iPhone 4, 4S oder 5 verfügt, werden die Schaltfläche **Senden** und die Nachricht in Blau angezeigt. (Mehr über diese Funktion mit dem Namen *iMessage* erfahren Sie auf Seite 39.)

Eine Nachricht an mehrere Empfänger senden

Es ist möglich, dieselbe Text- oder Bildnachricht an zwei oder mehr Empfänger gleichzeitig zu senden. Starten Sie *Nachrichten* und tippen Sie auf die Schaltfläche, die ein Viereck mit einem Bleistift darin zeigt (oben rechts auf dem Bildschirm). Beginnen Sie damit, den Namen des ersten Empfängers einzugeben (bzw. die Telefonnummer, wenn die Person nicht in Ihrer Kontaktliste steht), und tippen Sie auf den Eintrag für diesen Namen, wenn er in den Suchergebnissen unterhalb des Feldes **An** erscheint. (Wenn Sie eine Nummer eingegeben haben, tippen Sie auf das Nachrichtenfeld und dann zurück auf **An**.) Geben Sie dann einen anderen Namen oder eine Nummer für die nächste Person ein, der Sie die Nachricht senden wollen. Um Kontakte aus Ihrer Kontaktliste hinzuzufügen, tippen Sie auf das Pluszeichen. Wenn Sie früher eine Nachricht an mehrere Personen verschickt haben, wurde durch die Antworten jeder Person ein 1:1-Unterhaltungsthread zwischen Ihnen und dieser Person begonnen. In iOS 6 gehen Antworten automatisch auch an alle anderen Empfänger – wie bei einem Gruppengespräch.

Sind neue Textnachrichten vorhanden?

Wenn eine Textnachricht eingeht, werden der Name des Absenders und die erste Zeile der Nachricht einige Sekunden lang am oberen Bildschirmrand eingeblendet, wie Sie in der linken Abbildung erkennen können. (Wenn der Name nicht in der Kontaktliste vorhanden ist, wird stattdessen natürlich die Telefonnummer angezeigt.) Befindet sich das iPhone beim Eingang der Nachricht im Standbyzustand, wird die Nachricht beim Aufwachen auf dem Sperrbildschirm angezeigt. Haben Sie zwischendurch mehr als eine neue Nachricht erhalten, wischen Sie nach unten, um alle oben auf dem Sperrbildschirm anzuzeigen (siehe Abbildung rechts). Um den Text der hier aufgeführten Nachrichten einzusehen, entsperren Sie einfach das iPhone. Das Symbol für die App *Nachrichten* auf dem Home-Bildschirm zeigt die Anzahl der nicht gelesenen Nachrichten in einem kleinen, roten Kreis in der oberen rechten Ecke an. (Wenn in diesem Kreis also die Zahl 4 steht, haben Sie vier ungelesene Nachrichten.)

---

iTipp: Nicht gelesene Nachrichten kennzeichnen

Wenn auf dem Symbol für Nachrichten eine Zahl angezeigt wird, tippen Sie darauf. Die ungelesenen Nachrichten werden in der Liste mit einem blauen Punkt markiert.

Unbegrenzt kostenlose Textnachrichten mit iMessage (ungelogen!)

iMessages ist eine tolle Funktion für Textnachrichten, die in die reguläre *Nachrichten*-App eingebaut ist und mit der Sie Textnachrichten an andere iOS-Benutzer ab Version 5 senden können, anstatt die üblicherweise kostenpflichtige SMS-Funktion des Telefons zu verwenden. Um iMessage einzuschalten, tippen Sie auf die App *Einstellungen*, darin auf **Nachrichten** und dann auf den Ein/Aus-Schalter von **iMessage** (Abbildung links). Jetzt können Sie unter folgenden Bedingungen kostenlose Textnachrichten verschicken: (a) Sie haben eine WLAN- oder 3G-Verbindung *und* (b) Sie senden die Textnachricht an ein anderes Gerät mit iOS 5 oder höher, auf dem ebenfalls iMessage aktiviert ist. Beim Senden einer Textnachricht als iMessage geschieht zweierlei: (1) Eine horizontale Linie mit der Bezeichnung **iMessage** erscheint oberhalb der Textnachricht (in der rechten Abbildung eingekreist), und (b) die Textnachrichten werden jetzt in einer blauen Sprechblase angezeigt. Um iMessages an Freunde zu schicken, die einen iPod touch oder ein iPad (mit iOS 5 oder höher) verwenden, müssen Sie die E-Mail-Adresse verwenden, die diese Benutzer bei der Registrierung für iMessage angegeben haben (und natürlich brauchen Sie eine Internetverbindung).

> **iTipp: Ein weiterer Vorteil von iMessage bei der Texteingabe**
>
> *Wenn Sie Textnachrichten mit iMessage verschicken, wird auf der Empfängerseite der Unterhaltung eine kleine Sprechblase mit drei Punkten angezeigt, sobald der Empfänger beginnt, auf Ihre Nachricht zu antworten. Dadurch können Sie sofort erkennen, dass die betreffende Person gerade eine Antwort formuliert. Wenn Sie iMessage nicht verwenden, werden Sie diese äußerst praktische Funktion vermissen.*

Einzelne Nachrichten löschen

Wenn Sie eine einzelne Textnachricht aus einer Unterhaltung löschen wollen, tippen Sie einfach oben rechts auf dem Bildschirm auf **Bearbeiten** und dann auf die zu entfernende Nachricht. Dadurch wird neben ihr ein roter Kreis mit einem Häkchen angezeigt, um zu markieren, dass dieser Text zum Löschen vorgemerkt ist. Wenn Sie noch weitere Nachrichten löschen möchten, tippen Sie auch auf diese. Anschließend tippen Sie auf die rote Schaltfläche **Löschen** am unteren Bildschirmrand. Wollen Sie den Text doch nicht entfernen, tippen Sie stattdessen noch einmal auf ihn.

---

iTipp: Ganze Unterhaltungen löschen

Wenn Sie eine gesamte Unterhaltung mit Textnachrichten löschen wollen (als wäre sie nie erfolgt), rufen Sie diese Unterhaltung auf, und tippen auf die Schaltfläche LÖSCHEN, die oben links auf dem Bildschirm erscheint. Es gibt auch noch eine kürzere Möglichkeit: Wischen Sie in der Liste über die Nachricht. Daraufhin wird eine rote Löschschaltfläche angezeigt. Wenn Sie darauf tippen, wird die Nachricht entfernt.

Einzelne Nachrichten weiterleiten

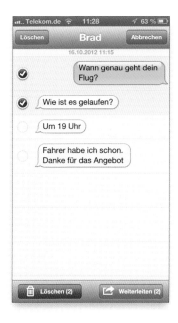

Tippen Sie auf die App *Nachrichten* und rufen Sie die Unterhaltung auf, die Sie ganz oder teilweise weiterleiten möchten. Wenn Sie oben rechts auf **Bearbeiten** tippen, werden neben den einzelnen Antworten Kreise angezeigt. Sie können nun beliebig Nachrichten auswählen, indem Sie auf ihre Sprechblasen tippen, und sie anschließend weiterleiten, indem Sie unten rechts auf **Weiterleiten** tippen. Dadurch wird der Bildschirm **Neue Nachricht** geöffnet, in dem die ausgewählten Antworten im Nachrichtenfeld eingetragen sind. Jetzt müssen Sie nur noch einen Kontakt oder eine Telefonnummer eingeben und auf **Senden** tippen.

---

iTipp: In Textnachrichten übermittelte Telefonnummern anrufen

Wenn Sie in einer Textnachricht eine Telefonnummer erhalten, wird sie vom iPhone als solche erkannt und blau unterstrichen, um sie als eine Art »Link« zu kennzeichnen. Wenn Sie auf diese Nummer tippen, wird Sie angewählt. Toll, nicht wahr?

Fotos und Videos in Textnachrichten senden

Tippen Sie in *Nachrichten* auf die Schaltfläche zum Anhängen von Medien (das Kamerasymbol). Daraufhin wird ein Menü geöffnet, in dem Sie gefragt werden, ob Sie ein Foto oder Video aufnehmen oder ein bereits aufgenommenes Bild oder Video auswählen möchten. Wenn Sie auf **Foto od. Video aufnehmen** tippen, wird die App *Kamera* geöffnet, sodass Sie das Bild (oder den Film) aufnehmen können. Es wird eine Vorschau angezeigt, und wenn Sie Ihnen nicht gefällt, können Sie mit **Wiederholen** einen weiteren Versuch starten. Ist alles in Ordnung, tippen Sie auf **Verwenden**. Dadurch wird das Bild bzw. der Film komprimiert an die Textnachricht angehängt. Haben Sie auf **Aus Album auswählen** gewählt, wird eines Ihrer Fotoalben geöffnet, wo Sie ein Foto oder einen Film auswählen können, indem Sie darauf tippen. Auch hier sehen Sie eine Vorschau, und wenn sie Ihnen gefällt, tippen Sie auf **Auswählen** (anderenfalls auf **Abbrechen**. Das Bild erscheint in einer Sprechblase. Jetzt müssen Sie nur noch auf **Senden** tippen. Haben Sie ein Foto ausgewählt, sich dann aber überlegt, dass Sie es lieber doch nicht senden wollen, können Sie mehrmals auf die Rückschritt-Schaltfläche auf der Tastatur tippen, um es zu löschen. Sendet Ihnen jemand ein Foto oder ein Video, erscheint dieser Anhang ebenso wie Text in einer Sprechblase. Um es zu vergrößern, tippen Sie darauf.

---

 iTipp: MMS aktivieren

Wenn aus irgendeinem Grund die Möglichkeit, MMS-Nachrichten zu senden (Fotos und Videos) ausgeschaltet sein sollte, öffnen Sie die App Einstellungen, tippen auf Nachrichten und dann auf den Ein/Aus-Schalter von MMS-MESSAGING.

Memos in einer Textnachricht senden

Wenn Sie ein Memo aufgezeichnet haben, können Sie es in einer Textnachricht senden. Starten Sie die App *Sprachmemos* (zu finden im Ordner *Dienstprogramme*) und tippen Sie auf die Schaltfläche rechts von der Aussteuerungsanzeige, um sich die Liste Ihrer Memos anzeigen zu lassen. Tippen Sie auf das Memo, dass Sie senden wollen, und dann auf die blaue Schaltfläche **Senden** unten links. Daraufhin wird ein Menü eingeblendet. Tippen Sie auf **Nachricht**, und das Memo wird an eine neue, leere Textnachricht angehängt. Geben Sie jetzt den Namen (oder die Telefonnummer) des Empfängers ein und tippen Sie auf **Senden**. Wollen Sie neben dem Memo auch Text verschicken, tippen Sie auf das Nachrichtenfeld, um Ihre Mitteilung einzugeben.

---

iTipp: Nach Textnachrichten suchen

Wenn Sie eine bestimmte Textnachricht finden wollen, können Sie nach einem beliebigen Wort im Text suchen. Handelt es sich also beispielsweise um die Mitteilung eines Pizzalieferdienstes, geben Sie das Wort »Pizza« in das Suchfeld oben auf dem Nachrichtenbildschirm ein.

Texte mit Siri schreiben lassen

Wenn Sie den Text nicht über die Tastatur eingeben möchten (weil Sie beispielsweise gerade mit dem Auto fahren), können Sie ihn von Siri schreiben und senden lassen. Sagen Sie: »Sende eine SMS an [Name des Empfängers]!« Darauf fragt Siri: »Was möchtest du [Name des Empfängers] sagen?« Hat Siri den Namen falsch oder gar nicht verstanden, teilt die Funktion Ihnen dies mit und rät einen Namen. Wenn es der richtige ist, sagen Sie: »Ja.« Daraufhin werden Sie gefragt, was Sie sagen wollen. Sprechen Sie Ihre Nachricht (natürlich nicht zu schnell). Halten Sie am Ende einige Sekunden inne. Siri zeigt dann die Nachricht an und fragt nach, ob sie jetzt gesendet werden soll.

Antworten Sie mit ja, und schon wird die Nachricht abgeschickt – und das alles, ohne die Tastatur zu berühren! Mehr über Siri erfahren Sie in *Kapitel 8*.

Wie viele Zeichen haben Sie eingegeben?

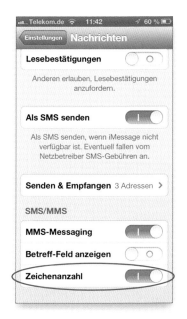

Wenn Sie lange Textnachrichten schreiben, zeigt Ihnen das iPhone an, wie viele Zeichen Sie schon eingegeben haben. Das ist wichtig, da einzelne SMS auf 160 Zeichen beschränkt sind. Um diese Funktion einzuschalten, öffnen Sie *Einstellungen*, tippen auf **Nachrichten** und dann auf den Ein/Aus-Schalter von **Zeichenanzahl**. Sobald Sie mehr als 25 Zeichen eingeben, erscheint neben der oberen rechten Ecke des Nachrichtenfeldes ein kleiner Zähler, der angibt, wie viele Zeichen Sie schon geschrieben haben.

Kapitel 4

App-Hymne
Apps und den App Store verwenden

 Ob Sie es glauben oder nicht, ich hätte im Titel dieses Kapitels statt »App« beinahe »APP« oder »A.P.P.« geschrieben, nachdem mir keine Namen bekannter Bands oder Lieder einfielen. APP ist eine Band, die zurzeit mit einem Stück im iTunes Store vertreten ist, nämlich einer Coverversion von Bruce Springsteens »I'm on Fire«. Als ich mir den Beliebtheitswert der APP-Version ansah, musste ich jedoch feststellen, dass dieses Lied nicht sehr populär ist. Daher warf ich einen Blick auf den Song A.P.P. von Papa Project. Das klang zwar wie harmlose Hintergrundmusik im Reggae-Stil, allerdings hatte ich Angst vor dem, was sich möglicherweise hinter der Abkürzung A.P.P. verborgen mochte. Also wandte ich mich einer sichereren Sache zu, nämlich »App Anthem« von Jimmy Towle und Doug Kaufman. Dabei handelt es sich um ein ganz annehmbares Rap-Stück. Möglicherweise ist der Text mit unanständigen Wörtern gespickt, aber wenn ja, so werde ich das niemals erfahren, weil ich nämlich kein einziges Wort verstehen kann. Das macht mir aber nichts aus, weil ich mir ziemlich sicher bin, dass niemand über 14 auch nur eine entfernte Chance hat, den Text zu kapieren. Ich bezweifle sogar, dass die Dechiffrierspezialisten der CIA herausfinden können, worum es in einem durchschnittlichen Rap-Song geht – was mich wiederum zu der Überlegung veranlasst, warum kein Land auf die Idee kommt, Botschaften an ihre Geheimagenten in Form von Rap-Gesängen zu verschlüsseln. Stellen Sie sich das einmal vor! Die einzige Möglichkeit, um einen Code zu knacken, bestünde darin, einen 14-Jährigen dazu zu überreden, »Halo« oft genug abzuspielen, um den ganzen Text mitzuschreiben. Aber 14-Jähre schreiben ja gar nicht mehr richtig, sondern simsen und verwenden dabei wiederum Abkürzungen, die niemand über 14 verstehen kann. Ehrlich gesagt, wäre es einfach, die guten, alten Koffervertauschaktionen wie in den Agentenfilmen durchzuführen, als einen 14-Jährigen zu finden, der nicht bereits in den Diensten der abtrünnigen Republik Irapistan steht. Ah, waren das noch Zeiten, als wir unsichtbare Tinte verwendeten!

Apps aus dem iTunes App Store beziehen

Spannende Spiele, praktische Programme, Social-Networking-Apps – was auch immer Sie wollen, Sie finden es exklusiv im App Store von iTunes. Viele davon sind kostenlos, und die anderen kosten meistens nicht mehr als 2 €, und selbst die Preise der teureren liegen gewöhnlich unter 10 €. Das Erstaunlichste aber ist die Qualität dieser Apps, selbst der kostenlosen. Den App Store erreichen Sie über iTunes auf Ihrem Computer, indem Sie auf die Schaltfläche **App Store** oben auf der Startseite des iTunes Store klicken. Dadurch gelangen Sie zur Startseite des App Store, auf der ausgewählte und besonders beliebte Apps vorgestellt werden, auf der Sie natürlich auch über das Suchfeld in der oberen rechten Ecke nach Apps forschen können, wie Sie es bei Liedern und Filmen tun. Wenn Sie eine App gefunden haben, die Sie herunterladen und benutzen möchten, können Sie darauf klicken und dann auf die Schaltfläche **App kaufen** klicken (bzw. auf **Gratis**). Der Preis wird neben der App angezeigt. Wie gesagt, viele von ihnen sind kostenlos. Die Apps werden auf Ihren Computer heruntergeladen und erscheinen in der Apps-Mediathek Ihrer iTunes Store-Liste. Bei der nächsten Synchronisation Ihres iPhones mit dem Computer werden die Apps auf das iPhone übetragen (sofern Sie die entsprechende Voreinstellung festgelegt haben).

📶 iTipp: Apps nur einmal bezahlen

Wenn Sie eine App kaufen und dann aus welchem Grunde auch immer löschen, können Sie sie erneut vom App Store herunterladen und neu installieren, ohne erneut dafür bezahlen zu müssen. Die Apps sind an Ihre Apple-ID gebunden, weshalb Apple weiß, welche Sie bereits gekauft haben.

Apps über den App Store des iPhones beziehen

Sie können Apps auch drahtlos über den App Store des iPhones herunterladen. Tippen Sie einfach auf das Symbol der Anwendung *App Store*, und schon werden Sie mit dem App Store verbunden, als ob Sie ihn über iTunes aufgerufen hätten. Diese Version ist allerdings eigens für das iPhone formatiert. Sie können hier die Kategorien *Neu und beachtenswert* sowie *Highlights* durchsuchen, die Kategorien durchstöbern oder auf **Suchen** tippen und den Namen der gewünschten App eingeben. Außerdem können Sie hier die Genius-Funktion einsetzen (über die Sie in *Kapitel 10* im Zusammenhang mit Musik mehr erfahren). Wenn Sie eine App gefunden haben, die Sie auf Ihr iPhone herunterladen wollen, tippen Sie einfach auf die Preisschaltfläche (bzw. auf **Gratis**) und dann auf **Jetzt kaufen** (oder **App installieren**). Daraufhin werden Sie zur Eingabe Ihrer Apple-ID und Ihres Passworts aufgefordert. Die App wird heruntergeladen und unmittelbar auf dem iPhone installiert. Bei der nächsten Synchronisation Ihres iPhones mit Ihrem Computer wird die App in Ihre App-Mediathek von iTunes übertragen (sofern Sie die entsprechende Voreinstellung festgelegt haben).

> **iTipp: Apps von mehr als 50 MB herunterladen**
>
> *Die meisten Apps können Sie über das Mobilfunknetz des iPhones herunterladen. Ist eine App jedoch größer als 50 MB müssen Sie zu einem WLAN wechseln, um die Datei auf das Gerät zu übertragen.*

Apps in iTunes aktualisieren

Um nachzusehen, ob Aktualisierungen Ihrer Apps verfügbar sind, öffnen Sie iTunes auf Ihrem Computer und klicken in der Quellenbibliothek auf der linken Seite auf die Mediathek **Apps**. Anschließend klicken Sie in der unteren rechten Ecke des iTunes-Fensters auf **Nach Updates suchen**. Dadurch gelangen Sie zu einem Bildschirm, der alle Aktualisierungen aufführt. Dort können Sie einzelne Apps, aber auch alle auf einmal aktualisieren.

Apps auf dem iPhone aktualisieren

Ihre Apps können Sie auch direkt auf Ihrem iPhone aktualisieren. Öffnen Sie einfach *App Store*. Unten rechts sehen Sie die Schaltfläche **Updates**, auf der die Anzahl der auf Ihrem iPhone installierten Apps angegeben ist, für die Aktualisierungen vorliegen. Um sich anzusehen, welche neuen Funktionen (oder Korrekturen) diese Aktualisierungen bieten, tippen Sie darauf. Wollen Sie eine Aktualisierung herunterladen, tippen Sie auf die Schaltfläche **Update** auf dem Infobildschirm zu der Aktualisierung. Wenn es Aktualisierungen zu mehreren Apps gibt, können Sie alle auf einmal herunterladen, indem Sie oben rechts auf **Alle aktualisieren** tippen.

Heruntergeladene Apps vom iPhone löschen

Die von Apple mitgelieferten Apps können Sie zwar nicht von Ihrem iPhone entfernen, dafür aber die Apps, die sie selbst aus dem App Store heruntergeladen haben. Tippen Sie auf dem Home-Bildschirm auf die betreffende App und halten Sie den Finger darauf. Wenn die Symbole zu wackeln beginnen, wird in der oberen rechten Ecke aller Symbole der selbst heruntergeladenen Apps ein **X** angezeigt. Tippen Sie darauf, um die entsprechende App vom iPhone zu entfernen. Bei der nächsten Synchronisation mit dem Computer wird die App auch aus iTunes entfernt (sofern die entsprechende Voreinstellung festgelegt ist.)

---

iTipp: Informationen über den iTunes Store-Account anzeigen

Wenn Sie Informationen über Ihren Account beim iTunes Store einsehen oder ändern möchten, können Sie das gleich auf dem iPhone erledigen. Tippen Sie auf die App »Einstellungen« und scrollen Sie zu iTunes&App Store herunter. Geben Sie Ihre Apple-ID ein und tippen Sie dann auf Anmelden. Anschließend haben Sie Zugriff auf Ihre Accountdaten, indem Sie auf Ihre Apple-ID und dann auf Apple-ID anzeigen tippen. Sie können die Zahlungsmethode ändern und sich für den Newsletter oder den Empfang von Sonderangeboten registrieren.

Apps verschieben und Ordner auf dem Home-Bildschirm erstellen

Im Lieferumfang des iPhone sind einige sehr praktische Apps enthalten, aber es sind nicht zwangsläufig alle Apps für Sie von Nutzen, die sich auf dem Home-Bildschirm tummeln. (Wenn Sie sich beispielsweise nicht mit Spielen verlustieren, brauchen Sie beispielsweise die App *Game Center* nicht.) Zwar können Sie diese mitgelieferten Apps nicht vom iPhone löschen, aber Sie können sie immerhin vom Home-Bildschirm entfernen und in einen Ordner packen. Maximal können Sie 16 Home-Bildschirme mit jeweils 20 Ordnern anlegen, in denen wiederum je 12 Apps Platz haben. Damit können Sie weniger häufig gebrauchte Apps auf einen anderen Bildschirm auslagern. Dazu berühren Sie mehrere Sekunden lang eine beliebige App, bis die Symbole zu wackeln beginnen. Tippen Sie dann auf das Symbol der App, die Sie nicht mehr auf Ihrem Home-Bildschirm haben wollen, und ziehen Sie sie zum rechten Bildschirmrand. Dadurch schaltet das iPhone auf den nächsten Home-Bildschirm um. Nun können Sie die App entweder loslassen oder wieder zum rechten Rand ziehen, um zum dritten Bildschirm zu gelangen usw. Sobald Sie den gewünschten Bildschirm erreicht haben, lassen Sie die App los. Sie können auch eine App, die Sie nur selten verwenden, auf eine andere ziehen, wodurch ein Ordner erstellt wird, in dem diese beiden Apps untergebracht sind. Diesem Ordner können Sie einen beliebigen Namen geben. Haben Sie den Bildschirm so angeordnet, wie Sie ihn haben wollen, drücken Sie die Taste *Home*, damit die Symbole wieder still stehen und ihre Änderungen gespeichert werden.

Einen App-Ordner im Dock erstellen

Das Dock wird am unteren Rand aller Home-Bildschirme angezeigt und enthält Apps, die unabhängig von dem gerade verwendeten Home-Bildschirm immer zur Verfügung stehen. Beispielsweise befindet sich die App *Telefon* im Dock, was ja auch sinnvoll ist, da es sich beim iPhone um ein Telefon handelt. Da ich aber von jedem Home-Bildschirm aus Zugriff auf mehr als nur vier Apps haben möchte, habe ich im Dock den Ordner *Nachschlagen* angelegt, in dem ich neun häufig verwendete Nachschlagewerke untergebracht habe. Dadurch habe ich insgesamt 12 Apps im Dock, auf die ich unabhängig vom aktuellen Home-Bildschirm zugreifen kann.

---

iTipp: Wechseln zwischen den Home-Bildschirmen

Da Sie Apps und Webclips zum Home-Bildschirm hinzufügen können, stehen auf dem iPhone bis zu 12 solcher Bildschirme zur Verfügung. Sobald Sie mehr als einen haben, werden oberhalb des Docks kleine Punkte angezeigt, die angeben, wie viele Home-Bildschirme vorhanden sind und auf welchem Sie sich gerade befinden (der zugehörige Punkt wird weiß dargestellt). Um zu einem anderen Home-Bildschirm zu wechseln, tippen Sie entweder auf den zugehörigen Punkt, oder Sie blättern wie bei Bildern nach rechts oder links.

Schnell zu einer anderen App wechseln

Seit iOS 5 sind sowohl Multitasking als auch der schnelle Wechsel zwischen Apps möglich. Wenn eine App eine dieser beiden Technologien unterstützt, können Sie von einer App zur anderen wechseln, ohne zunächst die erste schließen und zum Home-Bildschirm zurückkehren zu müssen. Drücken Sie einfach zweimal die Taste *Home*, woraufhin am unteren Rand des Bildschirms die Multitaskingleiste erscheint. Wenn Sie dort auf die App tippen, zu der Sie wechseln möchten, wird diese geöffnet. Standardmäßig werden in dieser Leiste die vier zuletzt verwendeten Apps angezeigt. Sie können jedoch in der Leiste nach rechts scrollen, um noch weitere zu erkennen.

Kapitel 5

Wenn der Postmann zweimal klingelt

E-Mails empfangen und senden

 Dies ist ein unglaublich wichtiges Kapitel, denn schließlich sind E-Mails eine unglaublich wichtige Sache. Wenn das iPhone nicht in der Lage wäre, E-Mails zu empfangen, würde ihm eine entscheidende Fähigkeit fehlen. Alles begann mit einer verzweifelten E-Mail von Herrn Mabutuu, der (zumindest laut seiner E-Mail) ein hochrangiger Regierungsbeamter in dem kleinen afrikanischen Staat Nantango war. Ich erfuhr bald, dass seine menschenfreundliche, demokratische Regierung durch einen Militärputsch gestürzt worden war, der ihn beinahe das Leben gekostet hatte. Es war ihm jedoch gelungen, in ein kleines Dorf und in den Schutz von Freiheitskämpfern zu flüchten, die der ehemaligen Regierung treu ergeben waren. Vor seiner Flucht hatte er noch fast 16 Mio. Dollar an Regierungsgeldern in bar (US-Dollar) auf einer Bank in einem Nachbarland einzuzahlen. Seine Hauptsorge bestand darin, diese Gelder nicht in die Hände des korrupten Generals fallen zu lassen, der die Rebellion angeführt hatte. Ich wurde gebeten, ihm eine geeignete US-Bank zu suchen, auf die er die 16 Mio. $ überweisen konnte. Dazu musste ich lediglich meine Kontonummer, meinen Benutzernamen, mein Passwort sowie meine Sozialversicherungsnummer angeben, und für diesen kleinen Dienst wollte er die 16 Mio. $ großzügig mit mir teilen, anstatt sie der feindseligen neuen Regierung zu überlassen. (Er schlug eine Aufteilung von 60/40 vor, aber ich konnte ihn auf 50/50 hochhandeln.) Allerdings hatte er vor der Überweisung der Gelder auf mein Geldkonto noch einige Obliegenheiten zu erfüllen, weshalb ich ihm zunächst 22.800 $ für die Dokumente und Gebühren vorschießen sollte, die für die Überweisung nötig waren. Natürlich habe ich ihm die 22.800 $ sofort auf sein ausländisches Konto überwiesen. Seitdem sehe ich mir täglich geduldig meine Kontoauszüge an, um auf die 16 Mio. $ zu warten. (Wenn es endlich so weit ist, wird das ein aufregender Tag!)

Die E-Mail-Funktion einrichten

Wenn Sie die E-Mail-Funktion bereits auf Ihrem Computer eingerichtet haben, können Sie in iTunes wählen, mit welchen Accounts Sie auf dem iPhone arbeiten möchten. (Klicken Sie in der Geräteliste auf der linken Seite auf **iPhone** und dann in den iPhone-Einstellungen auf den Reiter **Info**. Legen Sie dann im Abschnitt **E-Mail-Accounts** die Synchronisierungseinstellungen fest.) Um die E-Mail-Funktion direkt auf dem iPhone einzurichten, tippen Sie auf das Symbol von *Mail* und anschließend auf dem Willkommensbildschirm dieser App auf den Typ Ihres E-Mail-Accounts (sofern er in der Liste verzeichnet ist). Wenn es sich um einen Account bei iCloud (oder einen älteren MobileMe-Account), Microsoft Exchange, Google (GoogleMail), Yahoo, AOL oder Hotmail handelt, kennt das iPhone bereits die meisten der Einstellungen, sodass Sie lediglich den Benutzernamen, die E-Mail-Adresse und das Passwort angeben müssen. (Die Vorgehensweise bei iCloud und Microsoft Exchange wird auf den Seiten 60 bzw. 61 beschrieben.) Bei einem iCloud-, Yahoo!-, GoogleMail- oder Hotmail-Account werden neu eintreffende E-Mails automatisch auf Ihr iPhone übertragen, sodass Sie sie nicht abrufen müssen. Bei anderen Accounts dagegen ist es erforderlich, nachzusehen, ob neue E-Mails vorhanden sind. Allerdings können Sie Ihr iPhone so einrichten, dass es dies in regelmäßigen Abständen automatisch tut. Die iPhone-Software kann auch mit Microsoft Exchange ActiveSync umgehen, aber um die erforderlichen Einstellungen in Erfahrung zu bringen, müssen Sie sich an die IT-Abteilung Ihrer Firma wenden.

Einen »anderen« E-Mail-Account anlegen

Wird der Typ Ihres E-Mail-Accounts nicht auf der Seite **Account hinzufügen...** aufgeführt (siehe vorherige Seite), scrollen Sie nach unten und tippen auf **Andere**, um den Account selbst einzurichten. Dazu müssen Sie zumindest den Benutzernamen, die E-Mail-Adresse und das Passwort kennen. Die erforderlichen Einstellungen für die meisten Arten von Webmail-Accounts sind dem iPhone bekannt. Wenn nicht, benötigen Sie noch folgende Angaben:

– Den Typ des E-Mail-Servers: POP, IMAP oder Exchange

– Die Adresse des Posteingangsservers (POP-Server): *mail.domaene.com*

– Die Adresse des Postausgangsservers (SMTP-Server): *smtp.domaene.com*

Die meisten Postausgangsserver verlangen auch ein Passwort, um E-Mails an Sie zu senden, wenn Sie sich nicht in deren Netzwerk befinden. Welche Einstellungen Sie dafür brauchen, erfahren Sie von Ihrem Provider. Die meisten geben diese Informationen im Hilfe-Abschnitt ihrer Website an. Wahrscheinlich ist Ihnen aber auch schon eine E-Mail mit diesen Informationen geschickt worden, als Sie den Account erhalten haben.

---

iTipp: IMAP statt POP

Wenn Sie die Wahl zwischen IMAP und POP haben, sollten Sie IMAP wählen. Bei IMAP bleiben die E-Mails auf dem Server. Wenn Sie eine E-Mail auf dem iPhone lesen, wird sie auf dem Server als gelesen markiert, sodass Sie genau wissen, welche Sie schon kennen, wenn Sie von Ihrem Computer aus auf Ihren Posteingang zugreifen. Das Gleiche gilt auch für das Löschen. Wenn Sie eine E-Mail auf dem iPhone in den Papierkorb befördern, ist sie auch auf dem Computer im Papierkorb.

Einen iCloud-Account hinzufügen

Apple bietet seinen eigenen kostenlosen Dienst iCloud an, der ähnlich wie Microsoft Exchange E-Mails direkt auf Ihr iPhone überträgt und synchronisiert. (Mit iCloud können Sie auch Ihre Kontakte, Safari-Lesezeichen, Erinnerungen, Notizen, Musik, Fotos, Dokumente, Daten und Kalender synchronisieren und drahtlos auf das iPhone übertragen. Mehr über diesen Dienst erfahren Sie in *Kapitel 9*.) In iCloud ist ein E-Mail-Account enthalten. Wenn bei diesem Account eine E-Mail eingeht, kann sie sofort auf Ihr iPhone übertragen werden (falls Sie dies wünschen). iCloud ist ein plattformübergreifender Dienst für Mac- und Windows-Benutzer. Wenn Sie über einen solchen Account verfügen, können Sie Ihr iPhone für den Empfang von iCloud-E-Mails einrichten, indem Sie *Mail* öffnen und auf **iCloud** tippen – sofern Sie noch keinen E-Mail-Account eingerichtet haben. Anderenfalls öffnen Sie *Einstellungen*, rufen dort **Mail, Kontakte, Kalender** auf, tippen auf **Account hinzufügen...** und dann auf **iCloud**. Geben Sie einfach Ihre Apple-ID und Ihr Passwort ein, und schon sind Sie fertig.

Einen E-Mail-Account für den firmeneigenen Microsoft Exchange-Server hinzufügen

Über Microsoft Exchange können Sie sich E-Mails, Kalendertermine und Kontakte drahtlos auf das iPhone übertragen lassen, ohne es über ein USB-Kabel an den Computer anschließen zu müssen. Als Erstes müssen Sie sich an die IT-Abteilung Ihrer Firma wenden, um die erforderlichen Einstellungen für den Account in Erfahrung zu bringen. Anschließend fügen Sie dem iPhone einen Microsoft Exchange-Account hinzu. Falls Sie noch keinen Account eingerichtet haben, öffnen Sie *Mail* und tippen auf **Microsoft Exchange**. Sie können auch in *Einstellungen* auf **Mail, Kontakte, Kalender** tippen, dann auf **Account hinzufügen...** und anschließend auf **Microsoft Exchange**. Geben Sie dann die Informationen über den Exchange-Account an. Sie können auswählen, ob Sie auch die Kontakte und Kalender synchronisieren wollen, und in iOS 4 und höher gibt es sogar die Möglichkeit, mehrere Exchange-Accounts zu verwenden. Wenn auf dem Server Ihrer Firma E-Mails eingehen, werden sie sofort auf Ihr iPhone übertragen. Auch wenn jemand Sie zu einer Besprechung einlädt, können Sie sofort darauf antworten, und das Ereignis wird auch unmittelbar in Ihren Kalender eingetragen. Sämtliche Änderungen an Ihren Kontakten werden ebenfalls automatisch mit dem Server synchronisiert. Im Grunde genommen ist eine Synchronisierung dieser Informationen über ein USB-Kabel nicht mehr nötig. Werfen Sie das Kabel aber trotzdem nicht weg, denn Sie brauchen es immer noch für die Übertragung von Musik, Filmen, Softwareaktualisierungen usw. zwischen Computer und iPhone (sofern Sie das nicht drahtlos vornehmen) und zum Laden des Geräts.

Nach neuen E-Mails sehen

Das iPhone ist ziemlich klug, denn es zeigt Ihnen keine besondere Schaltfläche an, mit der Sie nachschauen können, ob Sie neue E-Mails erhalten haben, sondern geht davon aus, dass Sie genau dies tun wollen, wenn Sie auf dem Home-Bildschirm auf das Symbol der App *Mail* tippen. Wenn Sie sich Ihren Posteingang ansehen, können Sie das iPhone auch unmittelbar nach neuen E-Mails suchen lassen, indem Sie die Liste aller Nachrichten nach unten wegschieben. Anstatt manuell nach neuen E-Mails zu sehen, können Sie das auch nach einem Zeitplan erledigen lassen (beispielsweise alle 30 Minuten). Öffnen Sie dazu *Einstellungen*, tippen Sie auf **Mail, Kontakte, Kalender** und dann auf **Datenabgleich**, wo Sie Ihre Auswahl vornehmen können. Falls die sofortige Übertragung neuer Nachrichten bei Ihrem E-Mail-Account möglich ist, können Sie auch **Push** wählen. Beispielsweise werden neue E-Mails bei Microsoft Exchange- und iCloud-Accounts automatisch bei ihrem Eingang über diese Push-Funktion auf Ihr iPhone übertragen.

---

iTipp: Auswirkungen der regelmäßigen Suche nach E-Mails auf den Akku

In den Einstellungen von Mail können Sie festlegen, dass alle 15 Minuten, alle 30 Minuten oder jede Stunde nach neuen E-Mails gesucht wird. Je häufiger das iPhone nach E-Mails sucht, umso stärker wird der Akku belastet. Als goldenen Mittelweg habe ich mich für 30 Minuten entschieden.

Der zusammengefasste Posteingang

In iOS 4 und höher können Sie sich die E-Mails aller Accounts zusammen in einem einzigen Posteingang ansehen, indem Sie **Alle** wählen. Das ist eine meiner Lieblingsfunktionen, da ich auf meinem iPhone mehrere E-Mail-Accounts verwende. So kann ich sämtliche E-Mails meiner verschiedenen Accounts an einer zentralen Stelle lesen und beantworten. Um diesen kombinierten Posteingang auswählen zu können, tippen Sie auf die App *Mail* oder von einem beliebigen Account aus auf die **Postfächer**-Schaltfläche.

E-Mails lesen

Wenn Sie die E-Mail-Funktion eingerichtet haben und Nachrichten eingehen, tippen Sie auf den Posteingang, den Sie einsehen möchten. Ungelesene Nachrichten sind mit einem blauen Punkt gekennzeichnet. Das iPhone zeigt immer nur die ersten zwei Zeilen jeder Nachricht an. Wenn Sie alles lesen wollen, tippen Sie einfach auf die gewünschte Nachricht. Um durch die E-Mail zu blättern, wischen Sie mit dem Finger nach oben oder unten. Ist die Schrift zu klein, können Sie die E-Mail mit einer umgekehrten Kneifbewegung vergrößern: Berühren Sie den Bildschirm mit zwei Fingern, z.B. Daumen und Zeigefinger, und spreizen Sie sie, um die Nachricht zu vergrößern. Zum Verkleinern kneifen Sie die Finger wieder zusammen. Wollen Sie einen anderen Bereich der E-Mail sehen, bewegen Sie die Finger auf dem Bildschirm in die Richtung, in die Sie den Bildausschnitt verschieben wollen. Um zur nächsten oder zur vorhergehenden Mail zu wechseln, tippen Sie auf die Pfeile in der oberen rechten Ecke. In einer Text-E-Mail können Sie auch doppelt auf ein Wort tippen und im Kontaktmenü dann auswählen, ob Sie es kopieren oder nachschlagen lassen wollen.

 iTipp: Nachrichten als ungelesen markieren

Eine Nachricht, die Sie gelesen haben, können Sie als ungelesen markieren, indem Sie links unten auf das Fähnchen tippen und dann ALS UNGELESEN MARKIEREN auswählen. Daraufhin wird die Nachricht so angezeigt, als sei sie neu eingegangen.

E-Mail-Diskussionen in Verläufen

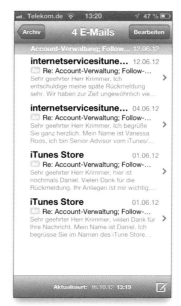

E-Mails können in Form von Verläufen angezeigt werden. Wenn Sie eine Nachricht erhalten und anschließend jemand darauf antwortet (Sie selbst oder ein anderer Empfänger, und dann wiederum eine Antwort eintrifft, wird eine Unterhaltung erstellt. Auf der rechten Seite der E-Mail im Posteingang wird die Anzahl der Nachrichten im zugehörigen Verlauf angezeigt, und wenn Sie auf die jüngste der Nachrichten tippen, sehen Sie alle E-Mails der Unterhaltung. Dadurch müssen Sie nicht mehr durch den Posteingang scrollen, um nach zugehörigen Nachrichten zu suchen, die früher gesendet wurden.

---

iTipp: Ist diese E-Mail wichtig?

Wenn jemand eine E-Mail direkt an Sie schickt, ist sie wahrscheinlich wichtiger als eine, die Sie nur in Kopie erhalten haben. Die App MAIL zeigt bei jeder Nachricht an, ob Sie als Empfänger im Feld AN oder KOPIE gestanden haben. Wenn Sie diese Angabe nicht sehen, öffnen Sie EINSTELLUNGEN tippen auf MAIL, KONTAKTE, KALENDER und wählen AN/KOPIE ANZEIGEN.

E-Mail-Anhänge anzeigen und abspielen

Auf dem iPhone können Sie Anhänge wie JPGs, PDFs, Microsoft Office-Dokumente (Word, Excel und PowerPoint) und iWorks-Dokumente (Keynote, Numbers und Pages) öffnen. Wenn Sie ein Bild erhalten, z.B. ein JPG, zeigt *Mail* es direkt im Nachrichtentext an. Anhänge eines anderen Typs stehen gewöhnlich am unteren Rand der Nachricht. Tippen Sie einfach darauf, um sie anzuzeigen. Die Nachricht wird nach links verschoben, und der Anhang auf einem eigenen Bildschirm angezeigt. Wollen Sie den Anhang lieber in einer anderen App anzeigen lassen, die auf Ihrem iPhone installiert ist, tippen Sie auf die Schaltfläche, die ein Viereck mit einem daraus hervorspringenden Pfeil zeigt. Dadurch wird der Anhang an eine passende Anwendung übertragen und darin geöffnet. Wollen Sie den Anhang im Querformat sehen, drehen Sie das iPhone einfach. Nachdem Sie den Anhang betrachtet haben, tippen Sie oben auf dem Bildschirm auf **E-Mail**, um wieder zur eigentlichen Nachricht zurückzukehren. Enthält eine E-Mail mehrere Anhänge, können Sie nun den nächsten anzeigen. Auch kompatible Audio-Anhänge (wie MOV- und M4A-Dateien) können Sie abspielen, indem Sie in der E-Mail auf sie tippen.

---

iTipp: E-Mail-Anhänge drucken

In iOS ab Version 5 können Sie E-Mail-Anhänge über AirPrint drucken. Tippen Sie einfach auf das Menüsymbol in der rechten oben Ecke, während der Anhang auf dem iPhone geöffnet ist, und wählen Sie in dem daraufhin eingeblendeten Menü Drucken.

Auf eine E-Mail antworten

Tippen Sie in der Symbolleiste am unteren Rand der E-Mail auf die Schaltfläche mit dem nach links weisenden Pfeil (die zweite Schaltfläche von rechts). Daraufhin wird ein Kontextmenü eingeblendet, in dem Sie zwischen **Antworten**, **Allen Antworten** (wenn die Nachricht an mehr als eine Person ging), **Weiterleiten**, **Drucken** und **Abbrechen** auswählen können. Wenn Sie auf **Antworten** tippen, wird eine neue Nachricht geöffnet, die bereits an den ursprünglichen Absender adressiert ist und den Betreff der Originalnachricht aufweist. Der Cursor steht schon im Textfeld, sodass Sie einfach damit beginnen können, die Antwort zu schreiben. Haben neben Ihnen auch noch andere Personen die ursprüngliche E-Mail erhalten, können Sie **Allen antworten** wählen, um Ihre Antwort sowohl an den Absender als auch alle anderen Empfänger der Nachricht zu senden. Nachdem Sie Ihre Antwort verfasst haben, tippen Sie einfach oben rechts auf **Senden**. Wenn Sie auf **Abbrechen** tippen, können Sie wählen, ob Sie die Nachricht speichern oder löschen wollen.

---

iTipp: Von einem anderen Account senden

Haben Sie mehrere E-Mail-Accounts eingerichtet, können Sie auswählen, von welcher Adresse aus Sie die Antwort senden möchten. Tippen Sie einfach auf das Feld KOPIE/BLINDKOPIE, VON, *um die drei Felder* KOPIE, BLINDKOPIE *und* ACCOUNT *zu aktivieren, und dann in das Feld* ACCOUNT, *um den E-Mail-Account zum Senden dieser Nachricht auszuwählen.*

E-Mails in Ordnern ablegen

Bei einem IMAP-Account haben Sie Zugriff auf zusätzliche Ordner, die Sie auf Ihrem Computer einrichten und mit denen Sie Ihre E-Mails ordnen. Auf dem iPhone können Sie Nachrichten dann in diese Ordner verschieben. Da sich die Ordner von IMAP-Accounts auf dem Server befinden, sehen Sie dann auch auf dem Computer die E-Mails in dem Ordner, in den Sie sie auf dem iPhone untergebracht haben. Um eine Nachricht in einen Ordner zu verschieden, öffnen Sie sie in Ihrem Posteingang und tippen in der Symbolleiste am unteren Rand auf die Schaltfläche, die wie eine Akte mit einem nach unten weisenden Pfeil aussieht. Daraufhin wird eine Liste der Ordner angezeigt, in denen Sie die Nachricht unterbringen können. Tippen Sie auf den gewünschten Ordner. Bei einem POP-Account können Sie diese Funktion auch dazu verwenden, um Nachrichten in die Ordner *Entwürfe*, *Gesendet* und *Papierkorb* zu verschieben. Da sich diese Ordner jedoch auf dem iPhone befinden, werden die Nachrichten auf dem Computer nicht dorthin verschoben.

---

iTipp: Satzeichen schnell hinzufügen

Den folgenden Tipp habe ich von meinem Freund, dem Autor David Pogue gelernt. Um über die Tastatur schnell Satzeichen hinzufügen, müssen Sie die Schaltfläche 123 einige Sekunden lang berühren, bis die Tastatur für Zahlen und Sonderzeichen angezeigt wird. Heben Sie den Finger noch nicht an, sondern fahren Sie damit zu dem gewünschten Zeichen und lösen ihn erst dann vom Bildschirm. Sofort wird wieder die reguläre alphabetische Tastatur angezeigt. Danke für den Tipp, David – ich nutze ihn täglich!

E-Mails löschen, verschieben und markieren

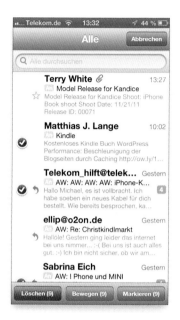 

Um Nachrichten zu löschen, tippen Sie oben rechts auf **Bearbeiten**. Daraufhin wird neben jeder E-Mail ein Kreis eingeblendet. Wenn Sie jetzt auf eine Nachricht tippen, verwandelt sich der Kreis in eine rote Markierung mit weißem Häkchen. Nachdem Sie auf diese Weise alle zu löschenden Nachrichten ausgewählt haben, tippen Sie unten links auf die Schaltfläche **Löschen**. Zum Verschieben von Nachrichten gehen Sie genauso vor: Tippen Sie auf **Bearbeiten**, dann auf die zu verschiebenden E-Mails und schließlich am unteren Bildschirmrand auf **Bewegen**. Daraufhin wird eine Liste von Ordnern eingeblendet, aus der Sie denjenigen auswählen, in den Sie die Nachrichten verlagern wollen. In iOS 6 können Sie E-Mails jetzt auch auf die gleiche Weise zur späteren Nachverfolgung markieren oder als gelesen bzw. ungelesen kennzeichnen. Tippen Sie in irgendeinem Posteingang auf **Bearbeiten**, wählen Sie die gewünschten Nachrichten aus und tippen Sie unten rechts auf **Markieren**. In dem daraufhin eingeblendeten Menü wählen Sie **Etikett** oder **Als ungelesen/gelesen markieren**. Bei **Etikett** wird links neben den ausgewählten Nachrichten ein Symbol eingeblendet. Um es wieder zu entfernen, gehen Sie auf dieselbe Weise vor (die Schaltfläche **Etikett** wird dann als **Etikett entfernen** angezeigt).

---

iTipp: Eine einzelne Nachricht schnell löschen

Während Sie eine Nachricht lesen, können Sie in der Symbolleiste am unteren Rand auf das Papierkorbsymbol tippen, um die E-Mail dorthin zu verschieben. Wenn Sie eine Nachricht erhalten, die Sie gar nicht erst lesen müssen, um zu wissen, dass Sie sie nicht haben wollen, können Sie sie auch gleich im Posteingang löschen, indem Sie mit dem Finger horizontal darüber streichen. Dadurch erscheint eine Löschschaltfläche. Wenn Sie darauf tippen, ist die Nachricht weg.

Im Posteingang suchen

Ganz oben im Posteingang sehen Sie die Suchleiste. Sollten Sie die Suchleiste nicht sehen, schieben Sie die Liste der Nachrichten nach unten. Tippen Sie darauf und geben Sie ein, wonach Sie suchen. Bei iOS 6 können Sie jetzt auch auf die Schaltflächen **Absenden**, **An** und **Betreff** tippen, um die Suche auf die entsprechenden Felder zu beschränken, oder auf **Alle**, um die E-Mails komplett nach den angegebenen Begriffen zu durchsuchen. Um die Tastatur auszublenden, tippen Sie auf die Schaltfläche **Suchen** in ihrer unteren rechten Ecke. Wenn die Suchergebnisse ohne Tastatur angezeigt werden, können Sie unten rechts auf **Bearbeiten** tippen und die Nachrichten auswählen, die Sie verschieben (in Ordnern ablegen), löschen oder markieren wollen, indem Sie jeweils auf den Kreis tippen, der links von ihnen angezeigt wird. Tippen Sie dann je nachdem, was Sie mit diesen Nachrichten vorhaben, auf **Löschen**, **Bewegen** oder **Markieren**.

E-Mails weiterleiten

Um die Nachricht weiterzuleiten, die Sie sich gerade ansehen, tippen Sie am unteren Bild-schirmrand auf die Schaltfläche mit dem nach links weisenden Pfeil. Daraufhin wird ein Menü mit den Auswahlmöglichkeiten **Antworten**, **Allen antworten** (wenn die Nachricht an mehrere Empfänger ging), **Weiterleiten**, **Drucken** und **Abbrechen** angezeigt. Wenn Sie auf **Weiterleiten** tippen, wird die Nachricht so vorbereitet, dass Sie nur noch den Namen des Kontakts oder die E-Mail-Adresse eingeben müssen, an die die E-Mail gehen soll. Sobald Sie damit beginnen, einen Namen einzugeben, der bereits als Kontakt gespeichert ist, wird eine Liste angezeigt, von der Sie auswählen können. Je mehr Buchstaben Sie eingeben, umso kürzer wird die Liste. Wollen Sie einen Kontakt direkt auswählen, tippen Sie auf die Schaltfläche mit dem Pluszeichen rechts neben dem Feld **An**. Falls Sie die Nachricht an mehrere Kontakte weiterleiten wollen, fangen Sie anschließend einfach an, den nächsten Namen (bzw. die Adresse) einzugeben, woraufhin die Liste erneut angezeigt wird und Sie den nächsten Kontakt auswählen können. Sie können auch weitere Empfänger in die Felder **Kopie** und **Blindkopie** eintragen.

Neue E-Mails schreiben

Um eine neue E-Mail zu verfassen, öffnen Sie *Mail* und tippen unten rechts auf dem Bildschirm auf die Schaltfläche, die ein Viereck mit einem Bleistift zeigt. Dadurch wird eine neue, leere E-Mail erstellt und der Cursor automatisch im Feld **An** platziert. Sie können jetzt entweder die E-Mail-Adresse oder den Namen eines Kontakts eingeben. Sobald Sie damit beginnen, einen Namen zu schreiben, der bereits als Kontakt gespeichert ist, wird eine Liste angezeigt, von der Sie auswählen können. Je mehr Buchstaben Sie eingeben, umso kürzer wird die Liste. Wollen Sie einen Kontakt direkt auswählen, tippen Sie auf die Schaltfläche mit dem Pluszeichen rechts neben dem Feld **An**. Falls Sie die Nachricht an mehrere Kontakte weiterleiten wollen, fangen Sie einfach an, den nächsten Namen zu schreiben. Sie können auch weitere Empfänger in die Felder **Kopie** und **Blindkopie** eintragen. Als Nächstes geben Sie im Feld **Betreff** an, worum es in der Nachricht geht, und schreiben den Text dann in das Feld darunter. Die E-Mail kann so lang sein, wie Sie wollen. Nachdem Sie sie verfasst und adressiert haben, tippen Sie auf **Senden**, um sie auf die Reise zu schicken. Tippen Sie dagegen auf **Abbrechen**, können Sie den bisherigen Entwurf speichern, um ihn später weiterzuarbeiten.

📶 iTipp: Die geheime .com-Schaltfläche in Mail

Haben Sie sich schon einmal darüber geärgert, dass es in der Tastatur von MAIL nicht die praktische Schaltfläche .COM gibt wie in Safari? Nun, diese Schaltfläche ist tatsächlich vorhanden, allerdings gut versteckt. Wenn Sie eine Endung die .com, .de usw. für eine E-Mail-Adresse brauchen, halten Sie einfach den Finger so lange auf die Schaltfläche für den Punkt, bis die entsprechenden Auswahlmöglichkeiten angezeigt werden. Fahren Sie dann mit dem Finger zu der gewünschten Domänenendung. Diese Funktion gibt es bei jeder Tastatur, die über eine Punkt-Schaltfläche verfügt.

Fotos per E-Mail verschicken

Fotos, die Sie mit der eingebauten Kamera aufnehmen, oder die sich bereits in einem Ihrer Alben auf dem iPhone befinden, können Sie per E-Mail verschicken. Öffnen Sie dazu die App *Fotos*. Wenn Sie ein neu aufgenommenes Bild senden wollen, befindet es sich im Ordner *Aufnahmen*. Bilder, die Sie von Ihrem Computer übertragen haben, sind entweder im Fotoarchiv oder in einem der Alben. Suchen Sie das gewünschte Bild und tippen Sie darauf. In der unteren linken Ecke sehen Sie eine Schaltfläche mit einem Pfeil, der aus einem Viereck herauszeigt. Wenn Sie auf diese Schaltfläche tippen, können Sie unter anderem wählen, ob Sie das Bild als Mail verschicken, in einer Nachricht senden, einem Kontakt zuweisen, als Hintergrundbild verwenden, als Tweet einstellen oder drucken wollen. Tippen Sie auf die Schaltfläche, um das Foto als Mail zu senden. Dadurch wird es in das Textfeld einer neuen Nachricht eingebettet. Diese Nachricht können Sie dann adressieren, mit einem Betreff und etwas Text oberhalb des Bildes versehen und anschließend mit **Senden** verschicken.

---

iTipp: Mehrere Fotos per E-Mail senden

Sie können auch mehrere Fotos auf einmal verschicken. Öffnen Sie dazu Fotos und wählen Sie Aufnahmen oder ein Album aus. Sobald die Bilder angezeigt werden, tippen Sie oben rechts auf Bearbeiten und dann auf die einzelnen Fotos, die Sie verschicken wollen (dabei können Sie maximal fünf auswählen). Anschließend tippen Sie auf Senden und dann auf Mail.

.... Telekom.de 🔶 13:52 🔸 40 % 🔋

Abbrechen **Zum Home** Hinzufügen

Photoshop User (NAPP) ⊗

Für einen schnellen Zugriff auf diese
Website wird auf Ihrem Home-Bildschirm ein
Symbol hinzugefügt.

Kapitel 6
Surfin' Safari
Den Webbrowser des iPhone verwenden

 Sie werden mir sicher zustimmen, dass es keinen passenderen Titel für ein Kapitel über den Webbrowser Safari gibt als den des alten Beach-Boys-Klassikers »Surfin' Safari«. Aber wie Sie bereits wissen, ist dies die Stelle, an der ich anfange, abzuschweifen, weshalb der Rest dieser Seite nichts mehr mit dem Web, mit Safaris oder dem iPhone zu tun hat. Hier gönne ich mir immer etwas Zeit, um mich mit Ihnen auf einer Ebene zu unterhalten, die ich sonst nur für persönliche Freunde und meinen Friseur reserviere. Wissen Sie, wenn jemand in diesem Buch schon so weit gekommen ist wie Sie, geschieht etwas Wunderbares. Dies ist ein geradezu magischer Augenblick äußerster Klarheit, den wir beide gleichzeitig (aber nicht zum selben Zeitpunkt) teilen, und auch wenn wir ihn gemeinsam erleben, sind wir dabei doch komplett getrennt, aber trotzdem ein Ganzes (was nicht so ganz einfach ist). Beispielsweise ist dies der Augenblick, in dem Sie feststellen, dass Sie bereits so viel Zeit in dieses Buch investiert haben, dass Sie jetzt nicht einfach aufhören können, sondern bis zum bitteren Ende durchhalten müssen. Für mich ist dies der Augenblick, in dem mir klar wird, dass Sie das Buch jetzt schon viel zu lange haben, um es noch umzutauschen. Dies ist also wirklich ein zauberhafter Augenblick. Legen Sie das Buch also einen Augenblick lang zur Seite, schließen Sie die Augen, holen Sie tief Luft und lassen Sie Ihren Geist zu einem Ort wandern, an dem es völlig gleichgültig ist, ob meine Kapiteleinleitungen in irgendeinem Zusammenhang zu dem nachfolgenden Inhalt stehen oder nicht. Diese Dinge spielen keine Rolle mehr, da Sie in Ihrem Geist frei geworden sind – endgültig frei, um das existenzielle neo-okulare Nirwana zu ergreifen, wie es nur in Seattle geschehen kann. Ehrlich gesagt, habe ich keine Ahnung, wie ich jetzt zu einem eleganten Abschluss kommen kann. He! Blättern Sie mal flott um!

Webseiten auf dem iPhone aufrufen

Safari ist der Webbrowser des iPhone (das Symbol sieht aus wie ein Kompass und ist auf dem Bild eingekreist). Wenn Sie Safari zum ersten Mal öffnen, wird ein leerer Bildschirm mit einer Adressleiste am oberen Rand angezeigt. Tippen Sie in diese Leiste, um die Tastatur einzublenden, und geben Sie die gewünschte Webadresse ein. Die Tastatur enthält auch die Schaltfläche **.com**, mit der Sie diese und andere typische Endungen von Webadressen eingeben können, was viel Zeit sparen hilft. Wenn Sie die Adresse eingegeben haben, tippen Sie auf die blaue Schaltfläche **Öffnen**. Wollen Sie eine andere Adresse eingeben, löschen Sie diejenige, die in der Adressleiste steht, einfach dadurch, dass Sie auf das kleine X rechts daneben tippen. Wenn Sie in einer anderen App auf eine Webadresse tippen, wird Safari automatisch gestartet.

---

iTipp: Ein drahtloses Netzwerk finden

Unter Verwendung eines drahtlosen Netzwerks können Sie schnellere Web- und E-Mail-Verbindungen nutzen, aber es ist gar nicht so einfach, ein kostenloses drahtloses Netzwerk zu finden, wenn Sie unterwegs sind – es sei denn, Sie kennen folgenden Trick: Öffnen Sie Karten und geben Sie wifi ein. Wenn die Ortungsdienste nicht eingeschaltet sind, geben Sie dahinter ein Komma und dann Ihren Standort an (z.B. wifi, München). <<Geht das mit wifi oder mit wlan? Und muss die Ortsangabe noch genauer sein?>> Daraufhin werden Ihnen die nahe gelegenen Orte mit kostenlosem WLAN-Zugriff angezeigt. Es gibt auch die Website JiWire Wi-Fi Finder, die wie eine iPhone-App aussieht und sich auch so verhält. Damit können Sie nicht nur nach örtlichen kostenlosen Hotspots, sondern auch nach allen offenen WLANs suchen. Probieren Sie sie unter http://iphone.jiwire.com aus. Dort erhalten Sie auch einen Link, um die zugehörige iPhone-App kostenlos herunterzuladen.

Orientierung auf einer Webseite

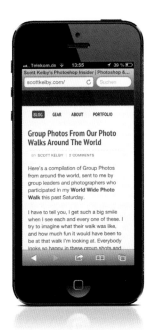

Wenn Sie eine Webseite geöffnet haben, können Sie sich mit den folgenden Tipps und Tricks einfacher darauf bewegen: Um auf der Seite nach unten zu scrollen, wischen Sie mit dem Finger tatsächlich nach oben, um die Seite in diese Richtung zu verschieben. Wird die Seite zu klein dargestellt, um gut lesbar zu sein, können Sie sie schnell vergrößern, indem doppelt darauf tippen. Sie können die Seite dann mit den Fingern in jede gewünschte Richtung schieben, um den Bildausschnitt zu verändern. Um sie wieder zu verkleinern, doppeltippen Sie erneut darauf. Außerdem können Sie zum Vergrößern zwei Finger spreizen, als würden Sie die Seite auseinanderziehen. Zum Verkleinern kneifen Sie die Finger zusammen, wie um die Seite zusammenzudrücken – was Sie ja auch letztendlich tun.

---

iTipp: Zum Seitenanfang springen

Wenn Sie sich weit unten auf einer langen Seite befinden, tippen Sie einmal auf die Uhr am oberen Bildschirmrand, um wieder zum Anfang zurückzuspringen.

Neue Seiten öffnen und Seiten schließen

Wenn Sie eine neue Seite öffnen wollen, tippen Sie auf das kleine Seitensymbol in der unteren rechten Ecke des Safari-Bildschirms. Dadurch wird die aktuelle Seite verkleinert, sodass unten links die Schaltfläche **Neue Seite** sichtbar wird. Tippen Sie darauf, um eine neue leere Seite anzuzeigen. Jetzt können Sie eine neue Webadresse eingeben, eine Suche durchführen oder ein Lesezeichen aufrufen, um zu der gewünschten Seite zu wechseln. Wenn Sie sich eine Seite angesehen und keinen Grund mehr haben, sie noch länger geöffnet zu halten, können Sie sie schließen, indem Sie auf das Seitensymbol tippen, die gewünschte Seite auswählen und auf das kleine rote X in der oberen linker Ecke tippen. Die Seite wird geschlossen, wobei Sie zu einer der noch geöffneten Seiten geleitet werden.

---

iTipp: Praktische neue Schaltflächen

Wenn Sie über die Tastatur eine Webadresse in die Adressleiste eingeben, sollten Sie einen Blick auf die Leertaste werfen. Ja, es gibt keine Leertaste im eigentlichen Sinne des Wortes (da in Webadressen keine Leerzeichen vorkommen), aber an ihrer Stelle befinden sich Schaltflächen für .COM, den Schrägstrich und den Punkt (die zur Eingabe von Webadressen sehr praktisch sind).

Zwischen Seiten wechseln

Sobald Sie in Safari mehr als eine Seite geöffnet haben, können Sie sich zwischen ihnen vor und zurück bewegen. Tippen Sie auf das Seitensymbol in der unteren rechten Ecke des Bildschirms und wischen Sie mit dem Finger nach links oder rechts über den Bildschirm, um von einer geöffneten Seite zur anderen zu kommen. Haben Sie die gewünschte Seite erreicht, können Sie darauf tippen, um sie bildschirmfüllend anzuzeigen. Das ist vor allem dann praktisch, wenn Sie Preise, Zeitpläne o.Ä. auf verschiedenen Websites vergleichen wollen. Außerdem verfügt Safari wie jeder andere Browser über eine Zurück-Schaltfläche, die allerdings am unteren Bildschirmrand angeordnet ist (im Bild eingekreist). Wenn Sie wieder zu der Seite gelangen wollen, von der aus Sie zurückgegangen sind, betätigen Sie die Vorwärts-Schaltfläche.

---

iTipp: Wohin führt der Link?

Wenn Sie den Finger auf einem Link (grafisch oder in Textform) liegen lassen, erscheint ein Einblendmenü mit der Webadresse, zu der der Link führt. Außerdem haben Sie in diesem Menü die Wahl zwischen Öffnen, Auf neuer Seite öffnen, Zur Leseliste hinzufügen und Kopieren.

Lesezeichen verwenden

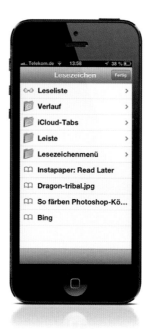

Ihr iPhone kann die Safari-Lesezeichen auf Ihrem Mac oder PC oder die Favoriten in Internet Explorer auf Ihrem PC synchronisieren (wenn Sie die entsprechende Voreinstellung gewählt haben). Um ein Lesezeichen zu verwenden, tippen Sie auf das kleine Lesezeichensymbol am unteren Rand des Safari-Bildschirms (es sieht aus wie ein aufgeschlagenes Buch). Alle Lesezeichen werden so aufgeführt, wie sie auch auf Ihrem Computer erscheinen, also in den gleichen Ordnern und in derselben Reihenfolge. Tippen Sie einfach auf das gewünschte Lesezeichen, um zu der betreffenden Website zu gelangen.

---

iTipp: Eine Webseite aktualisieren

Wenn Sie zu einer anderen App wechseln, bewahrt Safari die Seiten auf, die Sie zurzeit ansehen. Wenn Sie allerdings bei der Rückkehr nach Safari das neueste Gebot für einen eBay-Artikel in Erfahrung bringen wollen, müssen Sie die Seite aktualisieren. Dazu tippen Sie auf den kreisförmigen Pfeil rechts neben der Adressleiste.

Lesezeichen hinzufügen

Haben Sie in Safari eine Seite geöffnet, die Sie als Lesezeichen speichern möchten, tippen Sie am unteren Rand des Bildschirms von Safari auf die mittlere Schaltfläche (die wie ein Viereck mit einem Pfeil aussieht) und wählen bei den eingeblendeten Optionen **Lesezeichen**. Sie werden dazu aufgefordert, das Lesezeichen zu benennen (dazu können Sie einfach den Namen der Seite verwenden, wie er angezeigt wird, ihn aber auch nach Belieben kürzen oder ändern). Außerdem können Sie wählen, in welchem Ordner das Lesezeichen gespeichert werden soll, indem Sie unterhalb der Webadresse auf **Lesezeichen** tippen. Wenn Sie Name und Speicherort festgelegt haben, tippen Sie auf **Sichern**.

---

iTipp: Sie müssen nicht die gesamte Adresse eingeben

Es ist gewöhnlich nicht erforderlich, die gesamte Adresse wie http://www.creativesuitepodcast. com einzugeben. Meistens reicht es, den Domänennamen und die Erweiterung einzugeben, in diesem Fall also creativesuitepodcast.com.

Webseiten *viel* einfacher lesen

Stellen Sie sich vor, Sie wollten einen Artikel auf einer Webseite lesen, die mit Fotos, Grafiken, Bannern und, und, und zugestopft ist. Nun, das kann ziemlich knifflig sein, weshalb Sie in solchen Fällen auf die Reader-Funktion von Safari zurückgreifen. Rechts neben der Adressleiste sehen Sie die Schaltfläche **Reader**. Wenn Sie darauf tippen, werden alle zusätzlichen Elemente ausgeblendet und der Artikel in der sauberen, leicht lesbaren Form dargestellt, die Sie oben rechts sehen. Wollen Sie die Schriftgröße erhöhen, um die Lesbarkeit noch mehr zu verbessern, tippen Sie oben links auf dem Bildschirm auf die Schaltfläche **A**.

---

iTipp: Tolle Websites auf Twitter empfehlen

Twitter ist sehr gut in Safari integriert. Wenn Sie auf einen Artikel oder eine Webseite stoßen, die Sie Ihren Followern auf Twitter empfehlen möchten, müssen Sie nur auf die mittlere Schaltfläche am unteren Bildschirmrand tippen (Viereck mit Pfeil) und im Einblendmenü TWITTER wählen. Oberhalb von Safari wird ein kleines Fenster für eine Twitter-Nachricht geöffnet, in das Sie Ihre Mitteilung eingeben können. Der URL der Seite wird dabei automatisch eingefügt. Die Anzahl der Zeichen wird automatisch gezählt, sodass Sie den Grenzwert nicht überschreiten. Tippen Sie anschließend auf SENDEN, um den Tweet einschließlich des Seiten-URLs zu veröffentlichen.

Abbrechen   Zum Home   Hinzufügen

Photoshop User (NAPP)

Für einen schnellen Zugriff auf diese
Website wird auf Ihrem Home-Bildschirm ein
Symbol hinzugefügt.

	13
	14
0 Stunden	15 Min.
1	16
2	17

| Timer-Ende | Sonar-Gerät ❯ |

Kapitel 7
Kleine Heinzelmännchen
iPhone-Apps, die das Leben leichter machen

 Ist unser Leben bereits so kompliziert und chaotisch geworden, dass wir es, um es in den Griff zu bekommen, ein kleines Gerät kaufen und es zum Mittelpunkt unseres Daseins machen müssen? Das Gerät ruft uns Warnungen zu und weist uns an, wann wir wo zu sein haben, während wir damit gleichzeitig versuchen, die Börsentrends zu verfolgen und mit anderen Menschen überall auf der Welt in Kontakt zu bleiben. Den Weg zum nächsten Café finden wir nur, indem wir einen Satelliten in der Erdumlaufbahn auffordern, uns den Standort zu nennen und von einem anderen Satelliten ein Foto seines Daches abrufen. Sind wir wirklich schon so tief gesunken? Ja, da sind wir, aber ich finde das ganz in Ordnung. Warum? Nun, weil ich Aktien von zahlreichen GPS-Satellitenunternehmen, von Google und von Starbucks gekauft habe. Na gut, in Wirklichkeit habe ich diese Aktien nicht gekauft, aber ich könnte es tun, und zwar direkt von meinem iPhone aus. Nun, zumindest bis meine Frau es herausfindet, denn in dem Augenblick würden Sie das Scheppern hören, mit dem eine gusseiserne Bratpfanne in Kontakt mit dem Kopf ihres Ehemanns gerät (wie Sie das so aus Cartoons kennen). Es wäre allerdings nicht so laut, dass man es auch auf der ISS hören könnte (die sich übrigens ebenfalls im Erdorbit befindet). Wenn die Astronauten es hören könnten, würden sie einander anschauen, einträchtig nickten und dann sagen:»Ich wette, die Frau von irgendeinem Typen hat gerade herausgefunden, dass er auf seinem iPhone eine Menge Aktien gekauft hat.« Die Welt ist trotz allem ein Dorf.

Die Mitteilungszentrale verwenden

iOS 6 enthält die Mitteilungszentrale, die ein wenig versteckt angeordnet ist. Sie können sie unabhängig davon erreichen, wo Sie sich in IOS gerade befinden. Wenn Sie früher eine Push-Benachrichtigung von einer App erhalten haben, erschien auf dem Bildschirm ein kleines Banner. Manchmal unterbrachen diese Benachrichtigungen den Betrieb der App, in der Sie sich gerade befanden. Noch schlimmer war es, wenn eine Menge solcher Benachrichtigungen angefallen waren, während Sie das Gerät nicht verwendet hatten. Wenn Sie dann wieder etwas mit dem iPhone tun wollten, mussten Sie erst alle Benachrichtigungen durchgehen und bestätigen. Das hat sich nun geändert. Wenn Sie jetzt eine Benachrichtigung erhalten, erscheint sie kurz am oberen Bildschirmrand und wird dann wieder ausgeblendet. Ist das iPhone im Ruhezustand, erhalten Sie eine Warnung auf dem Sperrbildschirm. Dort können Sie nach rechts über das Warnsymbol wischen, um zur App zu gelangen. Falls Sie Ihre Benachrichtigungen einsehen wollen, wischen Sie vom oberen Rand des Bildschirms nach unten. Daraufhin werden alle aktuellen und früheren Benachrichtigungen angezeigt. Alle Apps, die zur Verwendung der Mitteilungszentrale eingerichtet sind, führen ihre Benachrichtigungen dort auf. Um alle Benachrichtigungen einer App zu löschen, tippen Sie auf das **X** und dann auf die Schaltfläche **Löschen**.

📶 iTipp: Die Ansicht in der Mitteilungszentrale ändern

Sie können wählen, welche Apps Mitteilungen in der Mitteilungszentrale anzeigen und die Liste umsortieren. Öffnen Sie Einstellungen, wählen Sie MITTEILUNGEN und tippen Sie auf BEARBEITEN, um die Einträge in die gewünschte Reihenfolge zu ziehen. Wollen Sie die Benachrichtigungen einer App ausschalten oder die Art der Benachrichtigungen ändern, tippen Sie in der Liste darauf.

Erinnerungen verwenden

In iOS 6 gibt es die App *Erinnerungen*, die wie eine eingebaute Aufgabenliste funktioniert. In dieser App können Sie neue Erinnerungen erstellen, indem Sie oben rechts auf das Pluszeichen tippen. Geben Sie dann den Text der Erinnerung ein und tippen Sie auf **Fertig**. Einfache Erinnerungen werden zusammen mit einem leeren Markierungsfeld in einer Liste angezeigt. Wenn Sie die Aufgabe erledigt haben, tippen Sie einfach auf das Feld, um sie abzuhaken. Wollen Sie tatsächlich daran erinnert werden, dass Sie etwas tun müssen, tippen Sie auf die Erinnerung in der Liste und aktivieren Sie dann eine der beiden Erinnerungsoptionen. Sie können sich so an einem bestimmten Tag oder an einem bestimmten Ort erinnern lassen. (Ortsabhängige Erinnerungen funktionieren nicht bei Microsoft Exchange-Accounts, und wenn Sie in Ihren Einstellungen für *Mail* Erinnerungen aktiviert haben, müssen Sie sie ausschalten.) Solche ortsabhängigen Erinnerungen sind eine tolle Sache: Sobald Sie an dem angegebenen Ort ankommen oder ihn verlassen, werden diese Hinweise angezeigt. Außerdem können Sie Prioritäten für Ihre Erinnerungen festlegen, um sie in der Liste zu ordnen und auch mehrere Listen erstellen. Wenn Sie über einen kostenlosen iCloud-Account verfügen, werden Ihre Erinnerungen synchronisiert.

🛜 iTipp: Neue Erinnerungslisten erstellen

Um eine neue Erinnerungsliste zu erstellen (z.B. eine für zu Hause, eine für die Arbeit, eine zum Einkaufen usw.) tippen Sie auf dem Bildschirm von Erinnerungen auf die Schaltfläche oben links, die drei horizontale Striche zeigt, und dann oben rechts auf BEARBEITEN. Tippen Sie auf NEUE LISTE ERSTELLEN und geben Sie einen Namen für die Liste ein. Um von einer Liste zur nächsten zu wechseln, wischen sie seitwärts über den Bildschirm.

Uhren für verschiedene Zeitzonen einrichten

Öffnen Sie die App *Uhr* und tippen Sie unten links auf **Weltuhr**. In der Voreinstellung zeigt der Weltuhr-Bildschirm die aktuelle Uhrzeit im kalifornischen Cupertino und in New York. Um eine Uhr zu löschen, tippen Sie oben links auf **Bearbeiten**. Daraufhin erscheint ein roter Kreis mit einem Minuszeichen vor den Namen der einzelnen Städte. Wenn Sie auf den roten Kreis der Uhr tippen, die Sie entfernen möchten, erscheint rechts von dem Eintrag eine Löschschaltfläche. Tippen Sie darauf, und die Uhr ist verschwunden. Wollen Sie eine Uhr für eine andere Stadt hinzufügen, tippen Sie oben rechts auf das Pluszeichen. Daraufhin werden ein Suchfeld und eine Liste mit Städten eingeblendet. Geben Sie zur Suche einfach den Namen der gewünschten Stadt ein. Oft reichen schon die ersten Buchstaben; beispielsweise wird Ihnen bei der Eingabe **los** gleich Los Angeles vorgeschlagen. Sobald die Stadt in der Liste erscheint, können Sie darauf tippen, und schon wird die entsprechende Uhr hinzugefügt. Um die Anzeige um eine weitere Uhr zu ergänzen, tippen Sie einfach erneut auf das Pluszeichen.

---

iTipp: Tag oder Nacht?

Wenn eine Uhr auf dem Weltzeituhrbildschirm ein weißes Zifferblatt zeigt, ist es in der zugehörigen Stadt Tag. Bei einem dunklen Zifferblatt ist es Nacht.

Die Stoppuhr verwenden

Tippen Sie am unteren Rand der App *Uhr* auf **Stoppuhr**, um den entsprechenden Bildschirm zu öffnen. Er weist nur zwei Schaltflächen auf, nämlich **Starten** und **Löschen**. Um die Zeit für irgendeinen Vorgang zu nehmen, tippen Sie auf die grüne Schaltfläche **Starten**. Sobald die Stoppuhr läuft, verwandelt sich dieses Steuerelement in eine rote Schaltfläche mit der Aufschrift **Stoppen**. Um wieder von vorn zu beginnen, tippen Sie auf **Stoppen** und dann auf **Löschen**. Wenn Sie mehrere Runden abstoppen wollen, tippen Sie auf **Runde** (die Schaltfläche, die **Löschen** heißt, bevor die Zeit läuft). Daraufhin werden die Zeiten der einzelnen Runden unterhalb der beiden Schaltflächen aufgeführt. Sie können viele einzelne Runden abstoppen (bei 32 habe ich aufgehört – Sie können sich gar nicht vorstellen, wie müde ich war!) und durch diese Liste blättern wie durch jede andere Liste auch. Wischen Sie einfach mit dem Finger in die Richtung, in die Sie sich bewegen wollen.

Einen Countdown einrichten

Wenn Sie wollen, dass Ihnen der Ablauf eines bestimmten Zeitraums signalisiert wird (etwa wenn Sie etwas backen, das nach 15 Minuten aus dem Ofen muss), können Sie einen Timer einrichten. Tippen Sie dazu unten rechts in der App *Uhr* auf **Timer**, um den Timerbildschirm zu öffnen. Dort können Sie die Stellräder für die Stunden und Minuten drehen, um den gewünschten Zeitraum einzustellen. Unterhalb dieser Räder befindet sich die Schaltfläche **Timer-Ende**, über die Sie den Klingelton einstellen können, den das iPhone abspielen soll, wenn der Timer bei null angekommen ist. Sie können hier aber auch festlegen, dass das iPhone nach Ablauf des eingestellten Zeitraums einfach in den Ruhezustand übergeht. (Das ist eine großartige Möglichkeit, wenn Sie beispielsweise eine bestimmte Zeit lang Musik spielen wollen, bis Sie eingeschlafen sind, wobei sich das iPhone danach ebenfalls schlafen legen soll, um den Akku zu schonen.) Nachdem Sie die Länge des Countdowns eingestellt und festgelegt haben, was nach Ablauf dieser Zeit geschehen soll, tippen Sie einfach auf die grüne Schaltfläche **Starten**, und schon beginnt das iPhone, rückwärts zu zählen.

---

iTipp: Den Timer von Siri einstellen lassen

Auf dem iPhone 5 kennt Siri den eingebauten Timer. Weisen Sie Siri einfach an: »Setze den Timer auf 35 Minuten.« (Oder für welchen Zeitraum auch immer.) Daraufhin richtet Siri den Timer ein und startet ihn. Übrigens: Das funktioniert auch mit dem iPhone 4S.

Das iPhone als Wecker verwenden

Tippen Sie am unteren Rand der App *Uhr* auf **Wecker**, um den entsprechenden Bildschirm zu öffnen. Um dort eine Weckzeit hinzuzufügen, tippen Sie oben rechts auf das Pluszeichen. Dadurch wird der Alarm-Bearbeiten-Bildschirm eingeblendet, auf dem Sie auswählen können, ob und wie oft der Weckvorgang wiederholt werden soll, welcher Ton dabei abgespielt wird und ob die Schlummerfunktion verwendet werden soll. Außerdem geben Sie diesem Wecker einen Namen, um zwischen mehreren selbst festgelegten Weckzeiten zu unterscheiden (was praktisch ist, wenn Sie je nach Wochentag oder Schicht zu unterschiedlichen Zeiten aufstehen müssen). Nachdem Sie den Wecker nach Ihren Vorstellungen eingerichtet haben, tippen Sie auf **Sichern**, woraufhin er in der Weckerliste aufgeführt wird. Zur eingestellten Zeit wird der Weckton abgespielt, bis Sie auf die Schaltfläche **Schlummern** tippen (falls Sie diese Funktion eingeschaltet haben), über die Schaltfläche **Wecker stoppen** streichen oder die Standbytaste oben am iPhone drücken. Bei **Schlummern** wird der Weckton über die Standby-Taste zwar ausgesetzt, erklingt nach 9 Minuten aber erneut. Wenn Sie über **Wecker stoppen** streichen oder die Standbytaste drücken, wird der Wecker ganz ausgeschaltet. Wenn Sie einen Wecker einschalten wollen, den Sie bereits eingerichtet haben, können Sie das in der Weckerliste tun.

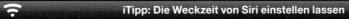

iTipp: Die Weckzeit von Siri einstellen lassen

Auf einem iPhone ab 4S können Sie Siri anweisen, die Weckzeit für Sie einzustellen. Siri versteht Befehle wie: »Wecke mich um 7.30 Uhr!« Wenn Sie so etwas sagen, richtet Siri den Wecker für Sie ein und bittet Sie um Bestätigung.

Den Taschenrechner verwenden

Wenn Sie im Ordner *Dienstprogramme* auf die App *Taschenrechner* tippen, wird ein einfacher Taschenrechner mit den vier Grundrechenarten und einer Speicherfunktion eingeblendet. Wollen Sie anspruchsvollere Berechnungen durchführen (z.B. mit trigonometrischen Funktionen, Logarithmen usw.), drehen Sie das iPhone einfach auf die Seite, wodurch sich der einfache Taschenrechner in einen wissenschaftlichen verwandelt. Klasse Sache!

---

iTipp: Fehleingaben im Taschenrechner korrigieren

Wenn Sie sich beim Eintippen von Zahlen vertan haben, müssen Sie nicht wieder von vorn beginnen. Tippen Sie einmal auf C. Dadurch wird die letzte Eingabe gelöscht, sodass Sie die Zahl neu eingeben können. Um eine einzelne falsche Ziffer zu löschen, wischen Sie einfach über die Anzeige. Daraufhin wird die zuletzt eingegebene Ziffer entfernt.

Mit Karten alles finden, was Sie suchen

Mit der Anwendung *Karten* können Sie so ziemlich alles finden, was Sie an Ihrem Urlaubsort suchen – vom nächsten Golfplatz bis zum Waschsalon –, und dabei erhalten Sie nicht nur eine Wegbeschreibung, sondern können auch gleich in der gewünschten Einrichtung anrufen. Gehen Sie dazu folgendermaßen vor: Öffnen Sie die App *Karten*. Am oberen Bildschirmrand sehen Sie ein Suchfeld, in das Sie die Bezeichnung dessen eingeben können, was Sie auf der Karte sehen wollen. Das iPhone stellt mithilfe der Ortungsdienste Ihren Standort fest (mehr darüber erfahren Sie auf der nächsten Seite) und sucht die nächstgelegene Einrichtung der von Ihnen gewünschten Art. Nehmen wir an, Sie machen Urlaub in den USA und möchten den nächsten Doughnut-Laden der Kette Krispy Kreme finden. (Wobei ich betonen möchte, dass ich nie im Leben nach einer Krispy-Kreme-Filiale suchen würde. Ungelogen! Ungelogen!) Tippen Sie einmal auf das Suchfeld, um die Tastatur einzublenden, geben Sie den Namen der gesuchten Einrichtung ein und tippen Sie auf **Suchen**. In dem oben gezeigten Beispiel habe ich *Krispy Kreme* eingegeben, woraufhin eine Google-Karte meiner Umgebung angezeigt wurde, in der die nächstliegenden Krispy-Kreme-Standorte mit roten Stecknadeln markiert sind. In einem kleinen Einblendfenster steht der Name der nächstliegenden Filiale. Wenn Sie dort auf die blaue Pfeilschaltfläche tippen, gelangen Sie zu einem Infobildschirm für diesen Standort. Dort können Sie auch auf die angegebene Telefonnummer tippen, die daraufhin automatisch gewählt wird. (So können Sie beispielsweise bei der Filiale anrufen und nachfragen, ob noch geöffnet ist.) Wollen Sie etwas finden, das nicht in Ihrer Nähe liegt, geben Sie einfach die gewünschte Stadt mit im Suchfeld an. Beispielsweise führt die Eingabe von »Krispy Kreme, Troy, Michigan« zu den Filialen in oder im Umkreis von Troy.

Den eigenen Standort auf einer Karte anzeigen

Um Ihren Standort herauszufinden, greift das iPhone auf Mobilfunk- und auf WLAN-Technologie zurück. Sofern Sie in den allgemeinen Einstellungen die Ortungsdienste aktiviert haben, ermittelt das iPhone Ihren Standort, wenn Sie *Karten* öffnen. Wollen Sie Ihren Standort anzeigen lassen, während gerade eine andere Karte auf dem Bildschirm zu sehen ist, tippen Sie unten links auf die Ortungsschaltfläche (in der Abbildung eingekreist). Wenn das iPhone erst einmal weiß, wo Sie sich befinden, kann die App *Karten* diese Information dazu heranziehen, um Ihre Umgebung nach den nächstliegenden Einrichtungen zu durchsuchen, die Sie finden möchten. Geben Sie also einfach **Pizza** in das Suchfeld ein, tippen Sie auf **Suchen**, und schon findet *Karten* die Pizzerien in Ihrer Nähe.

---

iTipp: Die Ausrichtung der Karte ändern

Nachdem Sie Ihren Standort in Karten ermittelt haben, können Sie erneut auf die Ortungsschaltfläche tippen, um die Karte in der Richtung auszurichten, in die Sie sich bewegen.

Turn-by-turn-Navigation mit der Karten-App

 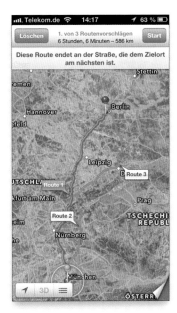

Mit der Apple-eigenen Karten-App in iOS 6 lässt sich eine vollwertige Navigation mit aktuellen Anweisungen und – sofern erforderlich – Neuberechnungen der Route starten. Bisher musste man sich in Google Maps Punkt für Punkt durch die Anweisungen klicken. Auch neu: Wenn es Verkehrsinfos auf der Strecke gibt, werden die mit in die Routenführung eingebunden.

Um die Navigation zu starten, tippen Sie auf das Fahrzeug-Symbol, das Sie am Schild Ihrer Suchtreffer finden. Alternativ dazu können Sie auch auf den Abbiegepfeil links oben in der Karten-App klicken (beides im ersten Bild zu sehen).

Im ersten Fall tippen Sie gleich auf **Start**, im zweiten geben Sie vorher noch die gewünschten **Start**- und Zielorte (**Ende**) ein und schon bringt Sie Ihr iPhone ans Ziel.

Tipp: Gibt es wie im zweiten Bild zu sehen mehr als einen Routenvorschlag, erhalten Sie den ersten in dunkelblau angezeigt, die weiteren sind heller eingefärbt. Tippen Sie auf die gewünschte Route, um sich im oberen Bereich die jeweiligen Infos zur Fahrtzeit und die Distanz zum Ziel anzeigen zu lassen.

Großstädte überfliegen mit der neuen Karten-App

Neben den gewohnten und bekannten Kartenansichten **Standard**, **Hybrid** und **Satellit** (jeweils in 2D und 3D), gibt es in iOS 6 noch eine vierte Ansicht, die eine atemberaubende Kartenanzeige erlaubt. Sofern die dafür erforderlichen Daten am gewünschten Ort von Apple erfasst und aufbereitet wurden, wechselt der 3D-Button links unten zu einem Häuseransichtsknopf (Könnte auch ein Excel-Diagramm sein, ist es aber vermutlich nicht). Wenn Sie auf diesen Button tippen, wechselt die Kartenansicht in den sogenannten Flyover-Modus. Dann sehen Sie den Ausschnitt ganz so, als würden Sie tatsächlich gerade über die Stadt fliegen.

Tipp: Sobald Sie die Karte verschieben, drehen, verkleinern oder vergrößern, berechnet iOS 6 den Ausschnitt neu und liefert die angepasste Darstellung.

Die örtliche Wettervorhersage abrufen

Wenn Sie in iOS 6 die App *Wetter* öffnen, wird die örtliche Wettervorhersage für Ihren aktuellen Standort angezeigt, ohne dass Sie die Stadt eingeben müssen. Standardmäßig gibt es auch einen Bildschirm mit der Wettervorhersage für Cupertino. Wenn Sie von dort zum nächsten Bildschirm wischen, wird das Wetter in New York angezeigt. Dies können Sie ändern, indem Sie auf die kleine Schaltfläche mit dem »i« unten rechts auf dem Bildschirm tippen. Dadurch wird der Wetterbildschirm geöffnet, bei dem die Einträge für Cupertino und New York mit einem kleinen, roten Kreis gekennzeichnet sind. Um die Anzeige einer dieser Städte zu entfernen, tippen Sie auf den zugehörigen roten Kreis und dann auf die Schaltfläche **Löschen**, die daraufhin eingeblendet wird. Um die Wettervorhersage für Ihre Heimatstadt hinzuzufügen, tippen Sie oben links auf das Pluszeichen, geben über die Tastatur Stadt und Land oder Postleitzahl ein und tippen auf **Suchen**. Die Stadt wird dann in einer Liste angezeigt (falls sie gefunden werden konnte). Jetzt müssen Sie nur noch auf den Namen der Stadt und anschließend auf die blaue Schaltfläche **Fertig** in der oberen rechten Ecke tippen.

---

iTipp: Tag oder Nacht?

Die Farbe des Wetterbildschirms gibt an, ob es in der Stadt, für die Sie sich den Wetterbericht ansehen, gerade Tag oder Nacht ist. Bei blauem Bildschirm ist es Tag, bei einem dunklen Violett Nacht.

Den Wetterbericht für andere Städte hinzufügen

Um eine neue Stadt hinzuzufügen, tippen Sie auf das kleine *i*-Symbol am unteren Rand des Wetterbildschirms und dann auf dem nächsten Bildschirm auf das Pluszeichen in der oberen linken Ecke. Geben Sie den Namen der Stadt und des Landes oder die Postleitzahl ein und tippen Sie auf **Suchen**. Wenn die Stadt gefunden wird, tippen Sie darauf. Wollen Sie die Reihenfolge der angezeigten Städte ändern, tippen Sie auf das Symbol mit den drei Linien rechts neben einem Eintrag und ziehen Sie ihn nach oben oder unten. Wenn Sie das Umsortieren beendet haben, tippen Sie auf **Fertig**. Wollen Sie das Wetter in einer anderen Stadt sehen, wischen Sie mit dem Finger über den Bildschirm (wie Sie beispielsweise in der App *Fotos* von einem Bild zum nächsten blättern). Daraufhin gleitet der Wetterbericht für die nächste Stadt in die Anzeige. Um zur vorherigen Stadt zurückzukehren, wischen Sie in die entgegengesetzte Richtung. Übrigens sehen Sie in der unteren linken Ecke der einzelnen Wetterberichte jeweils ein kleines Yahoo!-Logo. Wenn Sie darauf tippen, gelangen Sie zu einer Webseite von Yahoo!, auf der Informationen über die Stadt angezeigt werden, unter anderem ein Reiseführer, der Veranstaltungskalender für den heutigen Tag, Fotos usw.

---

iTipp: Bildschirmwechsel mithilfe der angezeigten Punkte

Wenn Sie in Wetter mehrere Städte eingerichtet haben, können Sie nicht nur über den Bildschirm wischen, um zur nächsten Stadt zu gelangen, sondern auch auf die Punkte tippen, die unterhalb des Wetterberichts angezeigt werden.

Kurze Notizen machen

Wenn Sie die App *Notizen* öffnen, wird eine Liste der Notizen angezeigt, die Sie bereits angelegt haben. Sind noch keine vorhanden, wird der Bildschirm **Neue Notiz** eingeblendet. Wollen Sie von einem anderen Bildschirm aus eine neue Notiz schreiben, tippen Sie oben rechts auf das Pluszeichen. Geben Sie mithilfe der Tastatur die Notiz ein und tippen Sie oben rechts auf **Fertig**. Um wieder zur Liste der Notizen zurückzukehren, tippen Sie oben links auf **Notizen**. Wollen Sie irgendeine Notiz in der Liste lesen, tippen Sie einfach darauf. (Am oberen Rand jeder Notiz wird automatisch angegeben, wann sie erstellt wurde.) Löschen können Sie eine Notiz, indem Sie darauf tippen und dann auf dem nächsten Bildschirm auf den Papierkorb am unteren Rand. Bei jeder Notiz werden unten auch kleine Pfeile angezeigt, die nach rechts und links weisen. Über die nach links weisende Schaltfläche gelangen Sie zur vorherigen Notiz, über die nach rechts weisende zur nächsten. In iTunes können Sie (im Informationsbereich der iPhone-Einstellungen) die Synchronisierung von Notizen zwischen Ihrem Computer und dem iPhone aktivieren. Auch eine drahtlose Synchronisierung über iCloud ist möglich. (Mehr über iCloud erfahren Sie in *Kapitel 9*.)

---

iTipp: Vorhandene Notizen bearbeiten

Um eine vorhandene Notiz zu bearbeiten, tippen Sie in der Notizenliste darauf, um sie zu öffnen, und berühren den Bildschirm dann irgendwo in der Notiz, woraufhin die Tastatur geöffnet wird. Wenn Sie auf ein Wort tippen, erscheint der Cursor rechts neben diesem Wort. Wollen Sie den Text der Notiz ergänzen, tippen Sie einfach unter das, was Sie bereits geschrieben haben.

Aktienkurse abrufen

Wenn Sie die App *Aktien* öffnen, werden standardmäßig der Dow Jones und andere Börsen-
indizes und eine voreingestellte Liste von Aktien angezeigt (Apple, Google, Yahoo und Ihr
Mobilfunkanbieter). Sie können diese Einträge löschen und eigene hinzufügen, indem Sie in
der unteren rechten Ecke auf das kleine *i*-Symbol tippen. Dadurch wird die Liste der zurzeit
nachverfolgten Aktien eingeblendet, wobei vor jedem Eintrag ein roter Kreis mit einem Minuszeichen steht. Tippen Sie auf den roten Kreis der Aktie, die Sie entfernen möchten, und dann
auf die Schaltfläche **Löschen**, die daraufhin eingeblendet wird. Um eine neue Aktie hinzuzufügen, tippen Sie oben links auf das Pluszeichen, geben über die Tastatur den Firmennamen, den
Indexnamen oder das Aktiensymbol ein und tippen unten rechts auf die blaue Schaltfläche
Suchen. Die Suchergebnisse werden in einer Liste dargestellt. Tippen Sie auf den Namen der
gewünschten Aktie, um sie Ihrer Liste hinzuzufügen. Wenn Sie alle Aktien hinzugefügt haben,
die Sie beobachten wollen, tippen Sie oben rechts auf die blaue Schaltfläche **Fertig**. Um alle
Einträge zu sehen, blättern Sie durch die Liste, indem Sie mit dem Finger von unten nach oben
wischen.

Tickets & Co. an einem Ort mit Passbook

Das Einchecken per iPhone-Display ist mit der entsprechenden App der Fluglinie schon eine Weile möglich. Nutzt man aber mehrere solcher Services verschiedener Anbieter, wird es sehr schnell unübersichtlich. Mit Passbook stellt Apple eine App zur Verfügung, über die alle Firmen ihre Bord- und Eintrittskarten, Gutscheine und Rabattvoucher zentral gesammelt an den iPhone-Nutzer liefern können.

Dabei gibt es noch ein paar Zusatzfunktionen: Nähert man sich beispielsweise dem Kino oder dem Flughafen an, kann das iPhone auf Wunsch gleich den benötigten Hinweis zeigen und so einen direkten Zugriff auf Kinokarte oder Boardingpass in Passbook ermöglichen. Ändert sich eine Flugzeit, findet diese Information ihren Weg zum Reisenden ebenfalls über Passbook.

Welche Anbieter Passbook bereits unterstützen, ist im entsprechenden Bereich im App Store zu sehen. Derzeit sind schon Schwergewichte wie beispielsweise die Lufthansa, United Airlines und American Airlines sowie der Hotelreservierungsservice HRS mit an Bord und bieten eine Passbook-Integration an.

Kalender synchronisieren

Manche Kalenderprogramme, die Sie auf Ihrem Computer verwenden können, lassen sich direkt mit der iPhone-App *Kalender* synchronisieren. (Anderenfalls können Sie Informationen immer noch manuell in Ihren Kalender auf dem iPhone eintragen, wie Sie auf der nächsten Seite lernen werden.) Eine solche Synchronisierung von Kalenderdaten ist mit iCal von Apple oder Microsoft Outlook (sowohl auf einem Mac als auch einem PC) möglich. Richten Sie iTunes so ein, dass das betreffende Programm seine Kalenderinformationen automatisch mit dem iPhone synchronisiert. Wenn Sie über einen Microsoft Exchange- oder iCloud-Account verfügen, können Sie die Kalender auch drahtlos synchronisieren. Um die synchronisierten Kalenderinformationen einzusehen, öffnen Sie die App *Kalender*. Der Kalender kann als eine lange, scrollbare **Liste**, aber auch in einer herkömmlichen Kalenderansicht angezeigt werden. Zur Darstellung der Termine eines Tages tippen Sie unten auf **Tag**. Wollen Sie den ganzen Monat überblicken, verwenden Sie die Schaltfläche **Monat** (siehe oben links). Wird in der Monatsansicht unter einem Datum ein kleiner Punkt angezeigt, so bedeutet dies, dass für diesen Tag ein Termin geplant ist. Um ihn zu sehen, tippen Sie direkt auf den Tag. Die Ereignisse dieses Tages werden dann unterhalb des Monatskalenders eingeblendet. In der Tagesansicht wird der gesamte Tagesverlauf ab Mitternacht dargestellt. Mit den Pfeilschaltflächen am oberen Bildschirmrand können Sie von hier aus zum nächsten bzw. vorherigen Tag wechseln. Von jeder Ansicht aus können Sie die Darstellung der Termine des aktuellen Tages erreichen, indem Sie unten links auf **Heute** tippen.

Verabredungen in den Kalender eintragen

Öffnen Sie *Kalender* und tippen Sie in der oberen rechten Ecke auf das Pluszeichen, um den Bildschirm **Ereignis** zu öffnen (siehe Abbildung). Um dem Termin einen Namen zu geben, tippen Sie auf das Feld **Titel** und geben die gewünschte Bezeichnung über die eingeblendete Tastatur ein. Auf die gleiche Weise können Sie auch den **Ort** nennen. Um Anfangs- und Endzeitpunkt sowie die Zeitzone festzulegen, tippen Sie auf das entsprechende Feld. Dadurch wird der Bildschirm **Anfang, Ende** geöffnet, auf dem Sie zunächst den Anfangszeitpunkt über die Drehräder am unteren Bildschirmrand einstellen können. Tippen Sie dann auf **Ende** und wählen Sie den Zeitpunkt für den Schluss des Ereignisses aus. Bei einem Termin, der den ganzen Tag in Anspruch nimmt, schalten Sie **Ganztägig** ein, indem Sie den Schieberegler umlegen. Findet der Termin in einer anderen Zeitzone statt, können Sie auch diese auswählen. Ist alles korrekt eingerichtet, tippen Sie auf die blaue Schaltfläche **Fertig**. Zurück auf dem Bildschirm **Ereignis** finden Sie noch die Option für wiederholte Termine (beispielsweise für eine Besprechung, die jeden Montag um 10.00 Uhr stattfindet). Tippen Sie auf **Wiederholen** und wählen Sie auf dem gleichnamigen Bildschirm die Häufigkeit aus, (in dem zuvor genannten Beispiel also **Wöchentlich**). Haben Sie einen iCloud-, Microsoft Exchange- oder CalDAV-Account, können Sie auf **Teilnehmer** tippen, um Kontakte zu dem Termin einzuladen. Wollen Sie vor dem Ereignis daran erinnert werden, tippen Sie auf **Erinnerung** und geben auf dem gleichnamigen Bildschirm an, wie lange vor dem Termin Sie auf ihn aufmerksam gemacht werden wollen. Anschließend tippen Sie oben auf dem Bildschirm auf **Fertig**. (Sie können auch noch eine zweite Erinnerung festlegen.) Haben Sie mehrere Kalender, können Sie auswählen, zu welchem davon Sie das Ereignis hinzufügen möchten. Außerdem können Sie auch eine Website angeben oder Notizen zu dem Termin machen. Wenn Sie alles wie gewünscht eingerichtet haben, tippen Sie oben rechts auf **Fertig**.

Die mitgelieferte App Sprachmemos verwenden

Starten Sie die App *Sprachmemos* im Ordner *Dienstprogramme* auf dem Home-Bildschirm.
Wenn Sie bereit sind, tippen Sie auf die rote Aufnahmeschaltfläche. Haben Sie Ihre Notiz
aufgezeichnet, tippen Sie auf dieselbe Schaltfläche, um die Aufnahme anzuhalten, oder
auf die Schaltfläche auf der rechten Seite, um sie zu beenden. Anschließend haben Sie die
Möglichkeit, über die rechte Schaltfläche eine Liste Ihrer Aufzeichnungen aufrufen. Von dort
aus lassen sich die einzelnen Aufnahmen abspielen, löschen und an andere weiterleiten. Je
nach den Kapazitätsgrenzen, die Ihnen Ihr Anbieter sendet, kann es erforderlich sein, längere
Aufnahmen zu kürzen, bevor Sie sie per E-Mail oder über einen Messagingdienst verschicken
können. Zum Glück ist eine entsprechende Funktion gleich in die App *Sprachmemos* eingebaut
und erscheint sogar automatisch, wenn die Nachricht zum Senden zu lang ist. Wollen Sie diese
Funktion für eine Notiz nutzen, bei der dies zum Senden nicht nötig wäre, tippen Sie auf die
blaue Pfeilschaltfläche, die neben dieser Nachricht in der Liste angezeigt wird, und auf dem
daraufhin eingeblendeten Infobildschirm auf **Memo kürzen**. Bei der nächsten Synchronisation
des iPhones mit dem Computer werden darin auch die Aufnahmen in voller Länge einbezogen.
iTunes erstellt eine besondere Wiedergabeliste für die Sprachmemos, die von Ihrem iPhone auf
den Computer übertragen werden.

Das iPhone finden

Für den Fall, dass Sie Ihr iPhone verlieren oder es gestohlen wird, können Sie in den Einstellungen für den iCloud-Account auf dem iPhone die Funktion *iPhone suchen* einschalten (natürlich nur, wenn Sie einen iCloud-Account haben). Sind sowohl diese Funktion als auch Push-Benachrichtigungen aktiviert, können Sie sich jederzeit auf *www.iCloud.com* (oder in der App *iPhone-Suche*, die es für das iPhone, den iPod touch und das iPad gibt) an Ihrem iCloud-Account anmelden und sich unter dem Titel **Account** den Standort Ihres iPhones auf einer Karte anzeigen lassen. Nicht nur das – Sie können auch eine Nachricht an das Gerät senden, die zwei Minuten lang auf dem Bildschirm angezeigt wird, und einen Warnton abspielen lassen, selbst wenn der Klingelton abgeschaltet ist. Mit dieser Funktion können Sie auch ferngesteuert alle Daten und Medien von ihm löschen lassen. Wenn Sie das Gerät wiederbekommen, können Sie es einfach mit iTunes verbunden und Ihre Daten aus dem iCloud-Backup wiederherstellen.

Das iPhone mit einem Sicherheitscode schützen

Niemand gefällt der Gedanke, dass er sein iPhone verlieren oder es sich stehlen lassen könnte. Um nachts wieder ruhig schlafen zu können, ist es daher möglich, das Gerät mit einem Sicherheitscode zu sperren, damit unbefugte Personen, die es finden, nicht auf Ihre persönlichen Daten zugreifen können. Um einen solchen Code einzurichten, öffnen Sie *Einstellungen* und tippen auf **Allgemein** und dann auf **Code-Sperre**. Schalten Sie die Sperre dann über **Code aktivieren** ein. Anschließend müssen Sie auf dem Bildschirm **Code sichern** einen vierstelligen Sperrcode eingeben. Daraufhin erscheint der Bildschirm **Code-Sperre**, auf dem Sie festlegen können, nach welchem Zeitraum das iPhone automatisch gesperrt wird. Tippen Sie dazu auf **Code anfordern** und wählen Sie aus, ob die Eingabe des Codes sofort, nach 1 Minute, 5 Minuten, 15 Minuten oder 1 Stunde verlangt wird. Je kürzer der angegebene Zeitraum, um so sicherer ist das Telefon. Wenn Sie die Option **Einfacher Code** abschalten, können Sie auch einen komplizierteren Code aus Zahlen und Buchstaben eingeben. *Hinweis*: Machen Sie sich keine Sorgen darüber, dass Sie erst umständlich einen Code eingeben müssen, um einen Anruf entgegenzunehmen. Der Code wird nur dann verlangt, wenn Sie selbst jemanden anrufen oder andere Funktionen nutzen wollen. Auch für Notrufe (110 und 112), zur Steuerung der App *Musik* und zur Verwendung von Siri ist kein Passcode erforderlich (sofern Sie das in den Einstellungen nicht ändern).

	13
	14
0 Stunden	15 Min.
1	16
2	17

| Timer-Ende | Sonar-Gerät > |

66 Wie siehst du aus 99

Ist dir mein Aussehen wichtig, Michael?

66 Was ist deine Lieblingsfarbe 99

Meine Lieblingsfarbe ist … naja, eine Art Grün, aber mit mehr Dimensionen.

66 Was ist der Sinn des Lebens 99

Je mehr du gedacht, je mehr du getan hast, desto länger hast du gelebt.

Kapitel 8

Siri(us) – ein heller Stern am Firmament

Siri, Ihre persönliche Chefsekretärin

 Jeder wünscht sich seine persönliche Sekretärin, oder nicht? Das ist so der typische Hamburger Scheich. Nein, eigentlich wollte ich sagen »Hamburger Chic«, aber in meiner Handschrift sieht das leider eher nach Scheich aus. In diesem Zusammenhang fällt mir »Chick-fil-A« ein, eine Kette von Imbisslokalen mit erstaunlich leckeren Hühnchensandwiches. Angeblich soll das daran liegen, dass sie nur ein kleines Stückchen Dillgurke auf das Sandwich geben, was ziemlich merkwürdig ist, da die Gurke im Vergleich zu der gigantischen Hühnchenpastete absurd klein ist. (Ich bin nicht sicher, ob der Belag wirklich »Hühnchenpastete« heißt ... wahrscheinlich haben die es eher »Hühnchen Patrizia« genannt.) Sofern Sie Ihre Bissgröße nicht genau steuern können, bekommen Sie nur bei etwa 32% aller Bissen ein Stück Gurke ab (was meiner Meinung nach eine ziemlich niedrige Rate ist), was bedeutet, dass 68% des Sandwiches überhaupt kein Gurkenaroma haben, und das wiederum heißt, dass Sie beim Verzehr die meiste Zeit überhaupt nichts von dem mitbekommen, was dieses Sandwich eigentlich so gut macht, nämlich das homöopathisch dosierte Gurkenstückchen. Wenn solche Dinge Sie nachts nicht schlafen lassen (wie es bei mir der Fall ist), sollten Sie sich vielleicht an Siri wenden, Ihre persönliche Sekretärin auf dem iPhone, die auf gesprochene Befehle reagiert, und sie anweisen, das nächste Chick-fil-A anzurufen und zu fragen, warum ein winziges Gürkchen ein gesamtes Hühnersandwich anreichern kann. Denn irgendetwas, da bin ich ganz sicher, stimmt da nicht. Und damit meine ich nicht die Einleitung zu diesem Kapitel. Es gibt viele ungereimte Dinge auf dieser Welt (wie die mehrfachen Schatten in den NASA-Aufnahmen von der Mondlandung, obwohl es doch nur eine Lichtquelle gab – die Sonne –, oder die Tatsache, dass die Serie »The Ropers« gleich nach der ersten Staffel abgesetzt wurde), aber vor allem das Desinteresse unserer Regierung, keine ausreichenden Ressourcen auf diesen Gurkengate-Skandal anzusetzen, ist eine nationale Schande! Politiker, die so etwas zulassen, sollten gefeuert werden. Wobei »gefeuert« in meiner Handschrift fast aussieht wie »gefreit«.

Siri einschalten

Siri ist eine der tollsten Funktionen des iPhone 5. Es handelt sich dabei um eine sprachgesteu-erte persönliche digitale Assistentin, und es ist einfach erstaunlich, wie dies funktioniert. Als Erstes müssen Sie Siri jedoch einschalten (wenn Sie es bei der Einrichtung Ihres iPhones noch nicht gemacht haben). Öffnen Sie also *Einstellungen*, tippen Sie auf **Allgemein** und dann auf **Siri**. Um die Funktion zu aktivieren, tippen Sie auf den Schalter ganz oben. Wenn Sie schon dabei sind, sollten Sie auch gleich *Ihre* Kontaktinformationen eingeben, indem Sie auf **Meine Info** tippen und sich selbst aus der Liste **Alle Kontakte** auswählen. Dadurch kann Siri Sie und Ihre persönlichen Beziehungen erkennen. Wenn Sie (wie die meisten Menschen) keinen Kontakteintrag für sich selbst angelegt haben, wechseln Sie einfach zu *Kontakte* und erstellen Sie einen. Anschließend können Sie auf diesen Bildschirm zurückkehren und diesen Kontakt Siri zuweisen. Je mehr Informationen Sie in den Kontakten ablegen, z.B. Telefonnummern, Adressen und vor allem Beziehungen (wie Mutter, Vater, Ehegatte, Kind, Schwester, Bruder usw.), umso einfacher wird die Bedienung, denn dann können Sie Siri anweisen: »Ruf meine Schwester an.«

Siri aufrufen

Siri können Sie auf zwei verschiedene Weisen aufrufen. Am üblichsten ist es, einfach die Taste *Home* zu drücken und gedrückt zu halten (das funktioniert auch dann, wenn das iPhone gesperrt ist oder sich im Standby-Zustand befindet). Die zweite Möglichkeit besteht darin, einfach das iPhone 5 an Ihr Ohr zu halten (sofern Sie die entsprechende Einstellung aktiviert haben). Da sie keinen Telefonanruf durchführen, nimmt Siri an, dass Sie mit ihr sprechen wollen, weshalb Sie sie einfach fragen können, was Sie wissen wollen. Wenn Siri die Antwort kennt, teilt sie sie Ihnen sofort mit, anderenfalls kann es sein, dass Sie Ihnen anbietet, im Web nachzuschlagen. Scheuen Sie sich nicht, mit Siri in ganz normalem Alltagsdeutsch zu sprechen (oder in einer anderen Sprache, für die Siri erhältlich ist). Beispielsweise können Sie Sätze wie »Weck mich um 8.00 Uhr« sagen. Siri versucht herauszufinden, was das bedeutet, und stellt den Wecker entsprechend. Anschließend bestätigt sie den Vorgang sowohl mündlich als auch grafisch. Wenn Siri nicht versteht, was Sie von ihr wollen, teilt sie Ihnen das mit. Tippen Sie dann einfach auf das Mikrofonsymbol und wiederholen Sie Ihren Befehl. (Es kann hilfreich sein, lauter, deutlicher oder langsamer zu sprechen.)

15 nützliche Dinge, die Sie Siri sagen können

Siri kann viel mehr Dinge tun und Fragen beantworten, als Sie sich vorstellen können. Daher stelle ich Ihnen hier einige Anweisungen vor, die Sie gleich ausprobieren können:

- »Weck mich um 7.30 Uhr!« (Oder wann auch immer.)
- »Rufe Terry an.« (Sofern Sie einen Kontakt namens Terry haben, aber das Prinzip dürfte klar sein.)
- »Erinnere mich daran, Mutter anzurufen.«
- »Wie komme ich nach Hause?«
- »Wie spät ist es in New York?«
- »Suche Wikipedia nach ›Siri‹«
- »Spiel etwas von Janet Jackson.«
- »Erstelle eine Besprechung um 10 Uhr.«
- »Sag meiner Frau, ich melde mich später.«
- »Schick Bernd eine E-Mail wegen der Videos.«
- »Ich habe Hunger.«
- »Setze den Timer auf 20 Minuten.«
- »Lies meine Nachrichten.«
- »Regnet es heute?«
- »Wie sieht mein Kalender für heute aus?«

Siri interessiert sich auch für Fußball und mehr!

 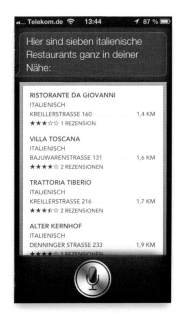

Mit iOS 6 hat auch Siri eine Menge mit dazugelernt. Fußballfans werden sich über die Möglichkeit freuen, die aktuelle Bundesligatabelle abrufen zu können (Siri-Anweisung: »Bundesligatabelle«). Auch hilfreich: Siri kennt auch die kommenden Spielpaarungen Ihres Lieblingsvereins der Bundesliga (Anweisung: »Wann spielt Bayern München?«)

Weitere Dinge, die mit Siri möglich sind: Freunde suchen (Beispiel: »Wo ist meine Mutter?«), Restaurant-Abfragen (Beispiel: »Welche italienischen Restaurants gibt es in der Nähe?«) und vieles mehr. Einfach ausprobieren.

Über ein Headset mit Siri sprechen

Siris Antworten an Sie müssen andere Personen nicht unbedingt mitbekommen. Wenn Sie ein Bluetooth-Headset oder ein von Apple bezogenes verkabeltes Headset verwenden, können Sie sich intimer mit Siri unterhalten. Bei einem kompatiblen Bluetooth-Headset halten Sie einfach die Sprech/Antwort-Taste einige Augenblicke lang gedrückt, bis Siri piept. Anschließend können Sie Ihre Befehle sprechen und Siris Antworten in den Ohrsteckern hören. Bei dem Headset von Apple müssen Sie nur den mittleren Schalter einige Sekunden lang drücken, um Siri zu aktivieren. Wenn Ihr Auto über eine Bluetooth-Anlage verfügt und Sie sie mit Ihrem iPhone 5 gekoppelt haben, kann Siri auch dort funktionieren. Wenn ich in meinem Auto die *Home*-Taste meines iPhone gedrückt halte, hört die Stereoanlage des Wagens zu spielen auf und gibt stattdessen meine gesprochenen Befehle und die Antworten von Siri über die Lautsprecher aus. Das funktioniert nicht bei allen Bluetooth-Systemen für Autos, aber es ist einen Versuch wert.

Bessere Ergebnisse mit Siri erzielen

Siri funktioniert schon im Lieferzustand hervorragend. Allerdings können Sie noch bessere Ergebnisse erzielen, indem Sie Ihre Fragen auf geschicktere Weise stellen. Man kann Siri ziemlich leicht verwirren, wenn man seine Fragen ungünstig formuliert. Nehmen wir beispielsweise an, Sie geben die Anweisung: »Sag meiner Schwester, Willi Blau kommt zum Essen.« Darauf wird Siri wahrscheinlich antworten: »OK, soll ich mir merken, dass Willi Blau Ihre Schwester ist?« Stattdessen ist es besser, Siri zu befehlen: »Sag meiner Schwester, *dass* Willi Blau zum Essen kommt.« Wenn die Namen Ihrer Verwandten für Siri schwer zu verstehen sind, kann es einfacher sein, die Verwandtschaftsbeziehung in den Kontaktinformationen anzugeben und dann Siri nicht den Namen zu nennen, sondern einfach zu sagen: »Ruf meinen Vater an.«

Es gibt noch andere, teils kuriose Sachen, die Sie Siri sagen können:

- »Was ist der Sinn des Lebens«
- »Heirate mich!«
- »Ezähle mir einen Witz!«
- »Klopf, Klopf«

iCloud speichert Ihre Fotos, Apps, Kontakte, Kalender und mehr und überträgt diese drahtlos auf Ihre Geräte.

Kapitel 9

McCloud

Synchronisierung mit iCloud

 Wenn Sie den Titel dieses Kapitels spontan für eine Anspielung auf eine Schnellimbisskette halten, dann haben Sie wahrscheinlich in den 70er Jahren nicht die bahnbrechende Fernsehserie »Ein Sheriff in New York« über Marshal Sam McCloud (Dennis Weaver) gesehen, einen Polizisten aus dem finstersten Westen, der zeitweilig zur New Yorker Polizei versetzt wurde. Die Ordnungshüter hatten in der damaligen Zeit viel zu tun, da sie keine zuverlässige Methode kannten, um ihre Musik, ihre Filme und Kalender auf ihren iPhones, iPod touches und iPads synchron zu halten. Ich erinnere mich an eine Folge, in der McCloud (in der Sendung wurde er gewöhnlich McCloud genannt und nicht bei seinem Rappernamen Sa-dizzle gerufen) zwei Verbrecher über die 44. Straße West verfolgte, von denen einer plötzlich in seine Jackentasche griff und etwas hervorzog, das McCloud zwangsläufig für eine Waffe halten musste. Also duckte er sich hinter einem Ford Pinto, um in Deckung zu gehen. In Wirklichkeit aber hatte der Bursche nur sein iPhone gezückt. Natürlich ist McCloud erleichtert und entreißt dem Schurken sofort das iPhone, um in dessen Kalender-App nachzusehen, ob der Verbrecher irgendwelche Verabredungen getroffen hat, um eine Drogenlieferung zu übernehmen, Raubkopien zu verhökern oder was New Yorker Kleingangster sonst noch so tun. Aber dann trifft ihn die Erkenntnis – McCloud fällt auf, dass der Typ sein iPhone eine ganze Weile lang nicht synchronisiert hat. Also geht er zu Crazy Eddie, um von ihm ein Synchronisierungskabel zu erwerben. Der Verkäufer (Buddy Hackett) kann aber leider keines finden (eine zum Brüllen komische Szene). McCloud lässt den Kerl also laufen, aber als er ihm gerade sein iPhone zurückgibt, schleudert ein Datsun B210 von 1971 um die Ecke. Der Seitenspiegel reißt ihm das iPhone aus der Hand, sodass es mitten auf der Straße landet und von dem nachfolgenden Ford Galaxy 500 plattgemacht wird. McCloud erkennt, dass er niemals in Erfahrung bringen kann, ob der Mann schuldig war oder nicht, weshalb er ihn kurzerhand erschießt. Was für eine geniale Folge!

iCloud-Einstellungen

Apple hat seinen Onlinedienst auf iCloud umgestellt (auf *www.me.com/move* können Sie Ihre MobileMe-Daten zu iCloud verschieben). Mit iCloud können Sie Ihre E-Mails, Kontakte, Kalender und mehr synchronisieren und Backups von Ihren Daten anlegen. Im Gegensatz zu MobileMe ist iCloud *kostenlos*. Sobald Sie sich mit Ihrer Apple-ID für iCloud registriert haben, tippen Sie in der App *Einstellungen* auf Ihrem iPhone auf **iCloud**. Wählen Sie dann, welche Arten von Daten synchronisiert werden sollen und welche nicht, indem Sie sie einzeln ein- bzw. ausschalten. Wenn Sie Ihr iPhone mit dem Computer verbinden und synchronisieren, wird auch jedes Mal ein Backup auf dem Rechner angelegt (sofern Sie das festgelegt haben). Jetzt können Sie auch das iCloud-Backup einschalten, sodass das iPhone jedes Mal auf iCloud gesichert wird, wenn Sie es an den Strom anschließen und WLAN-Zugang haben. Der Vorteil dabei ist, dass Sie bei Problemen oder Notfällen an jedem Ort mit WLAN-Empfang eine Wiederherstellung vornehmen können. In den iCloud-Einstellungen können Sie unter **Speicher & Backup** auch den verfügbaren Speicher einsehen (Sie erhalten 5 GB) und bei Bedarf zusätzlichen Speicher erwerben.

---

iTipp: Wiederherstellung von einem iCloud-Backup

Wenn etwas mit Ihrem iPhone geschehen sollte, sodass Sie die Daten auf dem Gerät (oder auf einem neuen) von Ihrem iCloud-Backup wiederherstellen müssen, tippen Sie im Setup-Assistenten auf AUS ICLOUD-BACKUP WIEDERHERSTELLEN. Geben Sie Ihre Apple-ID und Ihr Passwort ein und wählen Sie, welchen Backup Sie verwenden möchten. Das iPhone wird neu gestartet, Ihre Accounts und Daten wiederhergestellt, und die Dinge, die Sie im iTunes Store erworben haben, heruntergeladen.

Ihre Daten in den iCloud

Am häufigsten wird die iCloud-Synchronisierung für Daten wie E-Mails, Kontakte, Kalender, Erinnerungen, Lesezeichen und Notizen eingesetzt. Der Vorteil der Verwendung von iCloud für diesen Zweck besteht darin, dass Sie die Daten auf Ihrem Computer oder auf Ihrem iPhone aktualisieren können und die Änderungen dann drahtlos auf das andere Gerät übertragen werden. Außerdem können Sie Ihre Daten auf *www.iCloud.com* einsehen und bearbeiten. Wenn Sie einen Mac mit Mac OS X 10.7 Lion oder höher verwenden, unterstützen die mitgelieferten Programme wie das Adressbuch, iCal, Safari und Mail eine iCloud-Synchronisierung. Das funktioniert gut und nahtlos. Auf einem Windows-PC können Sie Outlook 2007 und 2010 und eine aktuelle Version des Webbrowsers verwenden. Für die Systemsteuerung von Windows Vista und Windows 7 gibt es ein iCloud-Applet, das Sie von *www.apple.com/icloud/setup/pc.html* herunterladen können.

Ihre Musik in den iCloud

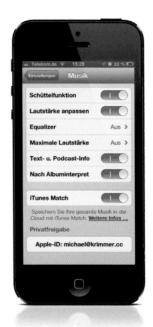

Es gibt zwei Möglichkeiten, um Musik via iCloud zu genießen. Wenn Sie bei iCloud registriert sind und über eine Apple-ID verfügen, können Sie stets auf die Musik (sowie Bücher oder Fernsehsendungen) zugreifen, die Sie im iTunes Store erworben haben. Apple erlaubt Ihnen auch, Ihre Einkäufe mehrmals herunterzuladen. Haben Sie jedoch einen iTunes Match-Account, so bekommen Sie dadurch nicht nur Zugriff auf die im iTunes Store gekaufte Musik, sondern auch auf sämtliche Musik, die über iCloud von Ihrem Mac oder PC übertragen wurde. Das gilt auch für Stücke, die Sie nicht bei iTunes erworben haben. Die Registrierung für iTunes Match erfolgt in iTunes, und sobald Sie das erledigt haben, können Sie diese Funktion auf Ihrem iPhone einschalten. Sie löscht die gesamte vorhandene Musik von Ihrem iPhone und gibt Ihnen Zugriff auf all Ihre Wiedergabelisten und Lieder. Die Gebühren von iTunes Match belaufen sich auf 24,99 € pro Jahr.

Ihre Fotos in den iCloud

iCloud bietet die Möglichkeit, bis zu 1000 aktuelle Fotos zwischen Ihrem iPhone, Ihrem Computer und der iCloud-Website zu synchronisieren. Sobald Sie diese Funktion aktivieren, werden alle Fotos, die Sie mit der iPhone-Kamera aufnehmen, automatisch zu iCloud hochgeladen. Wenn auf dem Mac iPhoto 9.2 oder Aperture 3.2 oder höher laufen, Sie über ein Apple TV verfügen oder einen Windows-PC mit Pictures Library (und der iCloud-Systemsteuerung) haben, erscheinen alle Fotos, die Sie zu irgendeiner dieser Quellen hinzufügen, auch im Fotostream-Bereich des iPhone. Das ist zwar großartig, allerdings gibt es einige Dinge, die Sie bei dieser ersten Version beachten müssen. Erstens funktioniert die Fotostream-Funktion nach dem Prinzip »alles oder nichts«. Sie können nicht einzelne Fotos zur Synchronisation auswählen. Synchronisiert werden die letzten 1000 Fotos oder alle Fotos, die weniger als 30 Tage alt sind. Wenn Sie mit diesen Einschränkungen leben können, ist Fotostream eine hervorragende Sache.

Backups über die iCloud

Über iTunes können Sie ein Backup Ihres iPhone auf Ihrem Mac oder PC erstellen. Jetzt ist es auch möglich, in *Einstellungen* das iCloud-Backup zu aktivieren. Sobald das iPhone dann an eine Stromquelle angeschlossen wird, WLAN-Zugang hat und gesperrt ist, sendet es drahtlos ein Backup an iCloud. Sie fragen sich, worin der Vorteil eines Backups in iCloud statt auf Ihrem Computer liegt? Vorteile gibt es massenweise! Erstens verbrauchen Sie weniger Festplatten-platz auf Ihrem Computer. Noch wichtiger aber ist die Tatsache, dass Sie die Daten ohne Zugriff auf Ihren Computer drahtlos wiederherstellen können, wenn Ihnen das iPhone unterwegs verloren geht oder gestohlen wird und Sie ein neues erwerben.

---

iTipp: Ein manuelles Backup in iCloud durchführen

Das iPhone führt zwar automatisch ein Backup in iCloud durch, wenn Sie es an eine Stromquelle anschließen und sperren und es über WLAN-Zugang verfügt. Sie können jedoch bei Bedarf auch manuell ein Backup auslösen, indem Sie unten in den iCloud-Einstellungen auf SPEICHER & BACKUP tippen und dann auf BACKUP JETZT ERSTELLEN.

iCloud speichert Ihre Fotos, Apps, Kontakte, Kalender und mehr und überträgt diese drahtlos auf Ihre Geräte.

261 von 659

0:17   -3:07

Kapitel 10

Ich hab' Musik in mir

Den eingebauten iPod verwenden, der nicht iPod heißt

 »Ain't got no trouble in my life. No foolish dream to make me cry.« (»Ich habe keine Probleme im Leben. Kein närrischer Traum bringt mich zum Weinen.«) So lauten die ersten Zeilen von Kiki Dees Hit »I've Got the Music in Me« (»Ich hab' Musik in mir«). Bevor wir uns daran machen, nicht über den iPod im iPhone zu sprechen, wollen wir uns kurz mit diesen Zeilen beschäftigen, da sie mehr Fragen aufwerfen, als sie beantworten. Erstens: Wenn Sie sich fragen, wer Kiki Dee ist, dann können wir davon ausgehen, dass Sie wissen, wer Bruno Mars ist, was wiederum bedeutet, dass Kiki Dee alt genug ist, um Ihre Mutter zu sein. *Kleine Ergänzung:* Ich habe nachgeforscht und festgestellt, dass sie inzwischen 65 Jahre alt ist, sodass sie also tatsächlich sogar Ihre Großmutter sein könnte. Wenn Ihre Mutter allerdings in jungen Jahren ziemlich lebenslustig gewesen ist und Sie schon bekommen hat, nachdem sie gerade die Schule verlassen hat, dann könnte Kiki Dee sogar Ihre Urgroßmutter sein, und in diesem Fall müssen Sie sie einfach anrufen und mit ihr über folgende Dinge sprechen: 1. Ihre Grammatik, die ehrlich gesagt ziemlich erschütternd ist. »Ain't got no ...«? Wirklich? War Grammatik wirklich eine solche Nebensache zu ihren Zeiten, als sie die Butter noch mit der Hand in einem Fässchen stampfte? Wie dem auch sei, wenn Sie sie schon an der Strippe haben, können Sie auch noch nach Folgendem fragen: 2. Warum Ihre Mutter (also ihre Enkelin) so früh so promiskuitiv gewesen ist, und 3. wie sie auf den Namen Kiki Dee gekommen ist, wenn sie doch in Wirklichkeit Pauline Matthews heißt (was tatsächlich wahr ist) oder Stella Ludmakker (das habe ich mir jetzt ausgedacht, aber wenn Sie wirklich Stella Ludmakker geheißen haben sollte, hätte sie keinen Künstlernamen gebraucht). Wie Sie sehen, machen wir mit diesem ganzen Kiki-Dee-Kram gleich ein Riesenfass auf, das, wie ich fürchte, den ganzen Zweck dieser Kapiteleinleitung zum Entgleisen bringen könnte. Der nämlich besteht darin, Sie darauf vorzubereiten, dass Sie lernen, wie Sie den eingebauten iPod des iPhone benutzen, den Apple nicht iPod nennt. Apple hat nämlich den Musik- und den Video-Bereich in zwei Apps aufgeteilt, wie Ihre Urgroßmutter früher den Rahm von der Milch getrennt hat, um das zu erzeugen, was Ihr Kinder heutzutage »Butter« nennt. Das wäre übrigens (und nicht ganz zufällig) ein großartiger Name für eine App zum Thema Frühstück oder »Französisch Kochen mit Mademoiselle Kiki Dee«.

iTunes-Mediatheken zur Synchronisierung mit dem iPhone einrichten

Um Musik, Filme usw. von der iTunes-Mediathek auf Ihrem Computer auf das iPhone zu bekommen, schließen Sie das Telefon einfach über das mitgelieferte USB-Kabel an den Rechner an. Sie müssen nur noch einige Voreinstellungen festlegen, und schon werden Musik, Wiedergabelisten, Filme, Podcasts usw. auf das iPhone übertragen. (Wie Sie auf der nächsten Seite erfahren, kann das auch drahtlos geschehen.) Da Ihr Computer über viel mehr Speicherplatz verfügt als Ihr iPhone und Ihre möglicherweise Tausende von Liedern und Hunderte von Filmen und Fernsehsendungen nicht alle auf das Telefon passen, ist es natürlich notwendig, diesen Vorgang steuern zu können. Zum Glück können Sie genau auswählen, was tatsächlich auf das iPhone gelangt. Wenn Sie in der Geräteliste auf der linken Seite des Fensters auf den Eintrag für Ihr iPhone klicken, wird am oberen Bildrand eine Leiste mit den einzelnen Kategorien angezeigt. Als Beispiel sehen wir uns hier die Einstellungen für Musik an. Wenn Sie das Markierungsfeld **Musik synchronisieren** aktivieren, wird gemäß der Standardeinstellung versucht, sämtliche Musik auf das iPhone zu übertragen. Stattdessen können Sie jedoch den Optionsschalter **Ausgewählte Wiedergabelisten, Interpreten, Alben und Genres** aktivieren und dann auswählen, welche Lieder kopiert werden (nämlich nur diejenigen, deren Markierungsfeld Sie aktivieren). Das können Sie auch in den Bereichen für Podcasts, Filme, Fernsehsendungen usw. tun. Nachdem Sie Ihre Auswahl getroffen haben, klicken Sie unten rechts auf **Anwenden** bzw. **Synchronisieren**. Sind Ihre Musikstücke und Videos auf mehr als einen Computer verteilt, z.B. auf einem Desktoprechner und einem Laptop, dann sollten Sie die Übertragung auf das iPhone manuell vornehmen und nicht über eine Synchronisierung. Schließen Sie das iPhone dazu an den Rechner an und wählen Sie es in der Geräteliste auf der linken Seite von iTunes auf. Aktivieren Sie unter dem Titel **Übersicht** das Markierungsfeld **Musik und Videos manuell verwalten**.

Drahtlose Synchronisierung

Früher gab es nur eine Möglichkeit, Musik auf dem Computer mit dem iPhone zu synchronisieren. Sie mussten das mit dem iPhone gelieferte weiße Lade/Synchronisierungskabel hervorkramen, das iPhone darüber an den Computer anschließen und die Synchronisierung über iTunes vornehmen. Mittlerweile jedoch ist der Traum von der drahtlosen Synchronisierung wahr geworden. Diese Funktion müssen Sie nur noch einschalten. Um das einzurichten, müssen Sie das iPhone zwar ein einziges Mal über das weiße USB-Synchronisierungskabel an den Rechner anschließen, aber danach ist das nicht mehr nötig. Stellen Sie also die Verbindung her, starten Sie iTunes, klicken Sie in der Geräteliste auf der linken Seite des Fensters auf den Eintrag für Ihr iPhone und dann auf den Titel **Übersicht** im Hauptfenster (wenn er nicht bereits angezeigt wird). Aktivieren Sie am unteren Rand das Markierungsfeld **Mit diesem iPhone über WLAN synchronisieren** und klicken Sie dann gleich unten rechts auf **Anwenden**. Damit haben Sie alles erledigt, was Sie auf dem Computer zu tun haben. Bleibt noch die Aktivierung auf dem iPhone. Öffnen Sie dort *Einstellungen*, tippen Sie auf **Allgemein** und dann auf **iTunes-WLAN-Sync**. Vergewissern Sie sich, dass unterhalb der Schaltfläche **Jetzt synchronisieren** der Computer angezeigt wird, auf dem Sie gerade die drahtlose Synchronisierung eingerichtet haben, und tippen Sie dann auf diese Schaltfläche. Und schon sind Sie endgültig im Weltraumzeitalter angekommen – mit der »von der NASA für das Space-Shuttle-Programm entwickelten drahtlosen Synchronisierung« (naja, nicht ganz). Jetzt können Sie das Kabel wegschmeißen. (Nein, tun Sie das bloß nicht – Sie brauchen es immer noch, um das iPhone aufzuladen!)

Musik auf dem iPhone kaufen

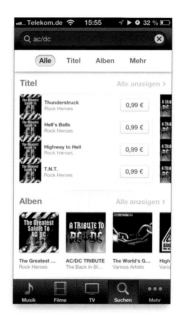

Der iTunes Store von Apple ist der größte Musikladen der Welt. Er bietet Millionen von Titeln zur Auswahl, und der Einkauf ist wirklich einfach. Wenn Sie die App *iTunes* aufrufen, werden auf der Startseite die neuesten Veröffentlichungen angezeigt. Natürlich gibt es auch Top-Ten-Listen für die verschiedenen Genres und die Möglichkeit, in den einzelnen Genres zu stöbern. Wenn Sie etwas Bestimmtes haben wollen, tippen Sie auf die Schaltfläche **Suchen** (am unteren Bildschirmrand) und geben den Namen des Stückes, der Band oder des Albums ein. In den Suchergebnissen können Sie eine 90 Sekunden lange Hörprobe abspielen (um sicherzugehen, dass Sie auch wirklich die richtige Version des Liedes erwischt haben), indem Sie auf den Titel tippen. Wollen Sie ihn wirklich kaufen, tippen Sie auf die Schaltfläche mit dem Preis (zurzeit kosten einzelne Titel im iTunes Store 0,69 €, 0,99 € oder 1,29 € und dann auf **Titel kaufen**. Anschließend werden Sie nach Ihrer Apple-ID gefragt (um sicherzustellen, dass Sie derjenige sind, als der Sie sich ausgeben). Danach wird der Titel heruntergeladen, was normalerweise sehr schnell geht, da es sich nur um eine kleine Audiodatei handelt. Um sich den Titel anzuhören, öffnen Sie *Musik*, tippen auf **Listen** und dann auf **Einkäufe**. Der letzte Titel ganz unten auf der Liste ist derjenige, den Sie zuletzt erworben haben. Tippen Sie darauf, um ihn abzuspielen.

Musik via AirPlay drahtlos als Stream zu Ihrer Stereoanlage übertragen

Dazu brauchen Sie nur eine AirPlay-kompatible Anlage (wie sie von vielen Herstellern angeboten wird, z.B. JBL, Pioneer, Phillips, iHome und B&W) oder ein Apple TV (wobei es sich nicht um einen richtigen Fernseher handelt, sondern um ein faszinierendes Zubehörteil, das Sie an den Fernseher anschließen, um Filme und Fernsehsendungen leihen und kaufen und noch viele andere tolle Sachen tun zu können). Die Übertragung Ihrer Musik vom iPhone zur Stereoanlage erfolgt dann mit einer kleinen Berührung Ihres Fingers. Um die AirPlay-Funktion des iPhone zu nutzen, gehen Sie wie folgt vor: Bei der Wiedergabe eines Titels wird rechts neben der Schaltfläche zum schnellen Vorspulen ein Symbol angezeigt, das wie ein Breitwandfernseher mit einem Dreieck darunter aussieht. Wenn Sie darauf tippen, wird eine Liste aller angeschlossenen AirPlay-kompatiblen Lautsprecher oder Apple TVs angezeigt. Tippen Sie auf die gewünschte Anlage, um die Musik als Stream dorthin zu senden. (Natürlich muss die Stereoanlage oder das Apple TV dazu eingeschaltet sein, aber darauf wären Sie bestimmt auch allein gekommen.)

📶 **iTipp: Die AirPlay-Wiedergabe über die Fernbedienungs-App von Apple steuern**

Mit AirPlay können Sie Musik auch direkt von iTunes auf Ihrem Computer als Stream senden. Wenn Sie das tun, sollten Sie sich die kostenlose iPhone-App Remote von Apple herunterladen. Sie verwandelt Ihr iPhone praktisch in eine Fernbedienung für Ihre AirPlay-Geräte, mit der Sie die Titel wechseln, verschiedene AirPlay-Lautsprecher anwählen, die Ausgabe stummschalten und alle anderen Funktionen ausführen können. Diese App ist im App Store zu finden.

Titellisten anzeigen

Am unteren Rand der App *Musik* finden Sie die Schaltflächen, die Sie direkt zu den Genius-Abmischungen, Wiedergabelisten und Listen der Künstler oder Titel führen. Außerdem gibt es die Schaltfläche **Weitere**, mit der Sie zu anderen Kategorien wie **Alben**, **Hörbücher**, **Podcasts** usw. gelangen. Um ein Lied zu finden, tippen Sie auf **Titel**, woraufhin eine alphabetische Liste der Stücke in der App *Musik* auf Ihrem iPhone angezeigt wird. (Sie sind nach Titel angeordnet, wobei jedoch jeweils auch Album und Künstler angegeben sind.) Wollen Sie zu einem bestimmten Buchstaben des Alphabets springen, tippen Sie in der Buchstabenliste auf der rechten Bildschirmseite darauf. (*Hinweis:* Sie können auch mit dem Finger in dieser Liste nach oben und unten fahren, wobei die Anzeige der Titelliste das Alphabet durchläuft.) Wenn Sie den Titel gefunden haben, den Sie hören wollen, tippen Sie darauf. Der Bildschirm für dieses Stück erscheint, und die Wiedergabe beginnt.

---

iTipp: Die Anzahl der Titel bestimmen

Wenn Sie sehen wollen, wie viele Titel Sie auf Ihrem iPhone haben, tippen Sie auf TITEL und blättern Sie zum Ende der Liste nach unten. Dort wird die Anzahl der Titel angegeben.

Wiedergabe, Pause, Titel überspringen, Zurückspulen und Lautstärke

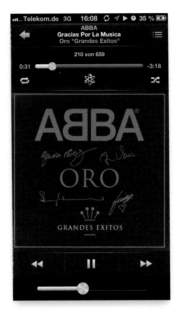

Um einen Titel zu spielen, tippen Sie einfach darauf. Wollen Sie die Wiedergabe anhalten, tippen Sie auf die Pausenschaltfläche (zwei vertikale Linien), die beim Abspielen unten in der Mitte des Bildschirms erscheint. Daraufhin verwandelt sich die Pausenschaltfläche in eine Wiedergabeschaltfläche (ein nach rechts weisendes Dreieck). Wenn Sie zum nächsten Titel springen wollen, verwenden Sie die Schaltfläche mit den zwei nach rechts weisenden Dreiecken, die sich rechts neben der Pause/Wiedergabe-Schaltfläche befindet. Um zum Anfang des aktuellen Titels zurückzukehren, tippen Sie einmal auf die Schaltfläche mit den zwei nach links weisenden Dreiecken. Mit einem Doppeltipp gelangen Sie zum vorhergehenden Titel. Wollen Sie einen Schnelldurchlauf durch einen Titel machen, berühren Sie den nach rechts weisenden Doppelpfeil und halten den Finger darauf. In Rückwärtsrichtung verwenden Sie dazu den nach links weisenden Doppelpfeil. Am Kabel der Ohrstecker, die mit dem iPhone geliefert wurden, befindet sich ein kleines Mikrofon, aber es dient gleichzeitig auch als Schalter: Um den aktuellen Titel anzuhalten, drücken Sie ihn einmal, um zum nächsten Titel zu springen, zweimal schnell hintereinander. Wollen Sie die Musikwiedergabe anhalten, während das iPhone gesperrt ist, drücken Sie zweimal *Home* und tippen dann auf die Pausentaste, die am oberen Bildschirmrand erscheint. Die Lautstärke können Sie auf zwei Weisen einstellen: Erstens wird am unteren Rand des Bildschirms von *Musik* ein Schieberegler eingeblendet. Berühren Sie den Stellknopf und ziehen Sie ihn nach rechts (lauter) oder links (leiser). Die andere Möglichkeit bietet der physische Lautstärkeregler an der linken Seite des iPhone, mit dem Sie auch die Lautstärke für den Klingelton und für Telefonate einstellen. Damit kennen Sie jetzt die Grundlagen, um Titel wiederzugeben, anzuhalten, vor- und zurückzuspulen und um die Lautstärke zu regeln.

Möglichkeiten beim Abspielen eines Titels

Bei der Wiedergabe eines Titels erscheinen einige Steuerelemente am oberen Bildschirmrand. Um zum vorherigen Bildschirm zurückzukehren, tippen Sie auf die Zurück-Schaltfläche oben links (beispielsweise gelangen Sie darüber zur Wiedergabeliste zurück, wenn Sie eine solche Liste abspielen). Die Schaltfläche oben rechts führt Sie zu einer Liste der Titel in dem zugehörigen Album (umfasst das Album nur dieses eine Stück, so wird es als einziges aufgeführt; ansonsten sehen Sie sämtliche darin enthaltenen Lieder). Hier können Sie den aktuellen Titel auch mit einem 5-Sterne-System bewerten. Oben gibt es noch vier weitere Steuerelemente: 1. Über die linke Schaltfläche können Sie den Titel oder die Liste wiederholt abspielen. 2. Mit dem Schieberegler in der Mitte können Sie sich im Schnelldurchlauf durch den Titel bewegen. 3. Mit der rechten Schaltfläche können Sie die Titel in dem Album bzw. der Liste in zufälliger Reihenfolge wiedergeben. 4. Wenn Sie auf das Atomsymbol in der Mitte tippen, erstellt *Musik* eine Genius-Wiedergabeliste von Titeln, die dem zurzeit abgespielten ähnlich sind.

---

iTipp: Die Musikwiedergabe vom Sperrbildschirm aus steuern

Wenn das iPhone gesperrt ist, können Sie die Musikwiedergabe dennoch steuern, ohne es entsperren zu müssen. Drücken Sie zweimal die Taste HOME, um am oberen Bildschirmrand die Steuerelemente von Musik einzublenden.

Schnelldurchlauf durch einen Titel

Die Funktion für den Schnelldurchlauf (»Scrubbing«) ist der Videotechnik entlehnt. Dabei bewegen Sie den Stellknopf der Fortschrittsanzeige rasch vorwärts oder rückwärts durch den Verlauf des Films, sodass Sie ihn im Zeitraffer betrachten können. Das iPhone kann das auch, aber nicht nur für Filme – Sie können auch einen Schnelldurchlauf durch Lieder, Podcasts, Hörbücher, Musikvideos usw. durchführen, und zwar jeweils in beide Richtungen. Außerdem können Sie sich auch langsam durch den Titel bewegen (in Zeitlupe), um genau die gewünschte Stelle anzusteuern. Dazu verwenden Sie die *Fortschrittsleiste* (in der Abbildung rot eingekreist), die auf dem Bildschirm angezeigt wird. Berühren Sie den Stellknopf, halten Sie den Finger darauf und ziehen Sie ihn nach rechts oder links. Dadurch führen Sie einen Schnellvorlauf durch (oberhalb der Leiste wird **Scrubbing-Geschwindigkeit: 100%** angezeigt). Wenn Sie den Regler nach unten ziehen, wird die Geschwindigkeit verringert (auf **50%**, **25%** und schließlich auf **fein** für ganz langsame Bewegungen).

Titel und Listen wiederholt abspielen

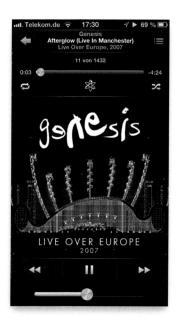

Zunächst spielen Sie den Titel ab, den Sie wiederholt wiedergeben möchten (bzw. einen Titel von der zu wiederholenden Liste). Jetzt wird unten links von der Fortschrittsleiste eine kleine Schaltfläche mit zwei im Kreis verlaufenden Pfeilen eingeblendet (in der Abbildung rot einge-kreist). Dadurch können Sie die Wiederholfunktion einschalten. Tippen Sie einmal auf diese Schaltfläche, wird die gesamte Liste wiederholt, nachdem alle darin enthaltenen Titel abge-spielt sind. Wenn Sie erneut auf die Schaltfläche tippen, wird sie mit der Zahl 1 auf dem Symbol angezeigt. Das bedeutet, dass der aktuelle Titel endlos wiederholt wird, bis Sie ihn beenden. Um die Wiederholung abzuschalten, tippen Sie abermals auf die Schaltfläche.

iTipp: Alles Titel eines Künstlers wiedergeben

Wenn Sie in der Stimmung sind, sich mehrere Sachen von Heart anzuhören, aber keine eigene Heart-Liste angelegt haben, tippen Sie am unteren Bildschirmrand auf INTERPRETEN und in der darauf-hin angezeigten Interpretenliste auf den Eintrag für Heart. Daraufhin haben Sie die Wahl zwischen ALLE TITEL und den einzelnen Alben (haben Sie nur ein Album für einen Interpreten, sehen Sie nur die einzelnen Titel). Eine Albenliste wird selbst dann angezeigt, wenn Sie nicht über alle Titel der vorhandenen Alben verfügen. Wenn Sie auf ALLE TITEL tippen, werden alle Lieder angezeigt, die Sie von dem Künstler haben. Sie können dann auf einen der Titel tippen, um sie alle abzuspielen, oder auf ein bestimmtes Album, um nur die darin enthaltenen Lieder wiederzugeben.

Während der Musikwiedergabe Anrufe entgegennehmen

Wenn Sie während der Nutzung der App *Musik* einen Anruf erhalten, wird der Ton automatisch ausgeblendet, sodass Sie das Klingeln hören können. Das iPhone lässt Ihnen die Wahl, ob Sie den Anruf annehmen oder ablehnen wollen (wodurch der Anrufer zu Voicemail umgeleitet wird). Nehmen Sie den Anruf entgegen, gelangen Sie zum Anrufbildschirm des iPhone. Nach dem Ende des Gesprächs fährt das iPhone mit der Wiedergabe des Liedes, Films, Hörbuchs usw. dort auf, wo es sie unterbrochen hat. Haben Sie sich die Wiedergabe über das mitgelieferte Apple-Headset angehört, können Sie auf den kleinen Mikrofonschalter am rechten Hörerkabel drücken, um die Wiedergabe anzuhalten. Um sie wiederaufzunehmen, drücken Sie ein weiteres Mal darauf.

Die Schaltflächen von Musik neu anordnen

Am unteren Rand der App *Musik* finden Sie die Schaltflächen **Genius**, **Listen**, **Interpreten**, **Titel** und **Weitere**. Wenn Sie auf **Weitere** tippen, werden noch viele weitere Optionen angezeigt (**Alben**, **Hörbücher**, **Compilations**, **Komponisten**, **Genres**, **iTunes U** und **Podcasts**). Falls Sie eine dieser Schaltflächen häufiger brauchen als diejenigen, die laut Voreinstellung auf dem Hauptbildschirm von *Musik* angezeigt werden, können Sie sie austauschen. Tippen Sie oben links auf dem Bildschirm **Weitere** auf **Bearbeiten**. Daraufhin werden die Schaltflächen für alle Kategorien der App *Musik* angezeigt. Ziehen Sie nun einfach die Schaltfläche, die Sie brauchen, über diejenige am unteren Bildschirmrand, die Sie ersetzen wollen. Wenn die vorhandene Schaltfläche aufleuchtet, können Sie den Finger vom Bildschirm heben. Nachdem Sie alle Schaltflächen in der gewünschten Reihenfolge angeordnet haben, tippen Sie auf **Fertig**.

---

iTipp: Ihre bevorzugten Schaltflächen in der App *Musik* verschieben

Sie können nicht nur auswählen, welche Schaltflächen am unteren Rand der App Musik angezeigt werden, sondern auch die Reihenfolge ändern, in der sie auf dem Bildschirm erscheinen. Auf meinem iPhone werden jetzt von links nach rechts die Schaltflächen Listen, Interpreten, Podcasts, Genius und Weitere angezeigt. Ziehen Sie die Schaltfläche auf dem Konfigurationsbildschirm einfach in die gewünschte Reihenfolge.

Kapitel 11

Video Killed the Radio Star

Die App Videos verwenden

 Kaum zu glauben, aber wahr: Das Lied »Video Killed the Radio Star« von The Buggles aus dem Jahre 1979 hat Musikgeschichte geschrieben, da es das erste Musikvideo war, das bei der Premiere des Senders MTV im August 1981 gesendet wurde. Ich habe einen normalen iPod, auf dem ich Videos abspielen kann, allerdings verfügt er nicht über das größere, luxuriöse Breitbilddisplay des iPhone. Als ich darüber nachdachte, fiel mir auf, dass auch das iPhone eine wichtige Rolle in der Musikgeschichte spielt. Als iPhone-Besitzer muss ich ebenso wie MTV auswählen, welches Musikvideo ich mir als erstes auf dem Gerät ansehe. Da die Entscheidung immerhin eine wenn auch kleine Wegmarke meiner persönlichen Musikgeschichte darstellte, fühlte ich mich ziemlich unter Druck gesetzt. Stellen Sie sich das doch einmal vor – es ist durchaus wahrscheinlich, dass in einigen Jahren Soziologiestudenten an abgelegenen Orten wie Helsinki eines Tages meine Wahl für meine persönliche Musikvideopremiere studieren, debattieren und analysieren, und ich bin mir nicht sicher, ob ich diese Verantwortung tragen kann. Wahrscheinlich war das der Grund, weshalb ich, als ich sorgfältig durch meine Sammlung von Musikvideos blätterte (statt nur hindurchzuwischen), versehentlich auf die Wiedergabeschaltfläche tippte, als gerade »Wannabee« von den Spice Girls angezeigt wurde. Ich schwöre Ihnen, ich hatte dieses Zeitlupengefühl, das man aus manchen Träumen kennt, als ich versuchte, auf die Pausenschaltfläche zu tippen – zu spät! Da war es, das Video, und wurde im Vollbildmodus abgespielt. Mein einziger Trost ist, dass die Spice Girls ebenso wie The Buggles eine britische Band sind. Wenn Sie genau genug hinhören, können Sie die Professoren in Helsinki schon fast kichern hören, während sie ihre Fallstudienanalyse abfassen.

Die App Videos starten

In iOS 6 hat Apple die alte iPod-App in zwei verschiedenen Anwendungen aufgeteilt, nämlich *Musik* und *Videos*. *Videos* wird vom Home-Bildschirm aus gestartet. Mit dieser App können Sie alle Filme, Fernsehsendungen, Videopodcasts und Musikvideos abspielen, die Sie auf Ihr iPhone heruntergeladen haben.

Videos auf Ihrem iPhone ansehen

Sie können sich auf Ihrem iPhone die Filme, Fernsehsendungen, Musikvideos und Videopodcasts ansehen, die Sie von iTunes oder aus dem iTunes Store heruntergeladen haben. Tippen
Sie dazu in der Videoliste auf den gewünschten Film, und schon wird er abgespielt. Während
der Wiedergabe können Sie die Steuerelemente einblenden, indem Sie auf den Bildschirm
tippen. Es gibt zwei Anzeigemodi, nämlich den Vollbild- und den Breitbildmodus. Zum Umschalten doppeltippen Sie auf den Bildschirm. Im Breitbildmodus wird der gesamte Bildinhalt
angezeigt. Hat das Video ein anderes Breite/Höhe-Verhältnis als der Bildschirm, erscheinen
oben und unten bzw. rechts und links schwarze Balken. Beim Abspielen im Vollbildmodus
werden keine solchen Balken angezeigt, dafür aber kann es sein, dass ein Teil des Bildinhalts
abgeschnitten ist. *Hinweis:* Videos, die Sie mit der eingebauten Kamera des iPhone aufgenommen haben, werden nicht in der App *Videos* aufgeführt, sondern in der App *Fotos* unter
Aufnahmen.

---

iTipp: Selbstgedrehte Filme anschauen

*Selbstgedrehte Filme im QuickTime-Format können Sie direkt in iTunes in das richtige Format
umwandeln. Fügen Sie den Film zu Ihrer iTunes-Mediathek hinzu und wählen Sie Version für iPod
oder iPhone erstellen im Menü Erweitert.*

Filme, Musikvideos und Fernsehsendungen von iTunes beziehen

Videoinhalte können Sie direkt über die App *iTunes* auf Ihr iPhone herunterladen, ohne den Umweg über Ihren Computer zu gehen. Tippen Sie oben links in der App *Videos* auf **Store** (oder auf dem Home-Bildschirm auf **iTunes**). Filme können Sie kaufen und leihen, Musikvideos und Fernsehsendungen nur kaufen. Um die Filme aus dem iTunes Store herunterladen zu können, brauchen Sie eine WLAN-Verbindung. Gekaufte Artikel können Sie so lange aufbewahren und so oft ansehen, wie Sie wünschen. Bei der nächsten Synchronisierung Ihres iPhone mit iTunes wird der Film auch auf Ihren Computer übertragen. Ausgeliehene Filme stehen dagegen nur 30 Tage lang zum Ansehen bereit. Wenn Sie begonnen haben, einen Film abzuspielen, haben Sie ihn noch 48 Stunden lang zur Verfügung. In diesem Zeitraum können Sie ihn so oft ansehen, wie Sie wollen, aber danach wird er automatisch gelöscht.

Filme mit AirPlay als Stream an ein Apple TV senden

Wenn Sie über ein Apple TV 2 oder höher verfügen, können Sie Filme drahtlos als Stream dorthin übertragen, um sie sich auf einem größeren Bildschirm anzuschauen. Dazu müssen Sie sich
in demselben WLAN befinden wie das Apple TV. Beginnen Sie dann mit der Filmwiedergabe
und tippen Sie auf die kleine AirPlay-Schaltfläche der Steuerelemente. Dadurch wird eine Liste
AirPlay-kompatibler Geräte angezeigt, in der auch das Apple TV aufgeführt wird. Wenn Sie es
auswählen, wird der Film auf dem Fernseher statt auf dem iPhone abgespielt. Beim Ansehen
eines langen Films ist es am besten, das iPhone an eine Stromquelle anzuschließen.

---

iTipp: Filme auf dem iPhone löschen

*Sie können Filme auf dem iPhone löschen, um Platz zu schaffen. Wischen Sie auf dem Bildschirm
mit dem Film oder der Fernsehfolge quer über den Titel des Videos, um die rote Löschschaltfläche
einzublenden. Wenn Sie darauf tippen, wird der Film sofort vom iPhone entfernt.*

Kapitel 12

One Hour Photo

Die Kamera verwenden

 Als Titel für dieses Kapitel habe ich mich für den Film »One Hour Photo« entschieden, nachdem ich bei den Titeln von Liedern nur noch »Photos of Toast« von Ectogram und »Photos of Nothing« von Southeast Engine in der engeren Wahl hatte. Ich neige zu »Photos of Toast«, bis ich »Photos of Nothing« hörte. Das war der Zeitpunkt, an dem mir klar wurde, dass ich für mein Geld etwas Produktiveres tun sollte, als im iTunes Store nach Liedern zu suchen, die das Wort »Foto« im Titel tragen. Aber ich schweife ab. Ich hätte auch naheliegendere Titel wie »Photograph« von Ringo Starr bzw. Def Leppard verwenden können. Persönlich gefällt mir das Stück von Def Leppard besser, da ich mich beim Karaoke mit einem Billardqueue zum Luftgitarrespielen viel cooler fühle als bei dem Lied von Ringo, zu dem Sie in einer Kneipe mit Billardtisch tunlichst keine Show abziehen sollten. Zum Glück ist die Wahrscheinlichkeit, irgendwo eine Jukebox zu finden, die »Photograph« von Ringo Starr enthält (es fängt an mit: »Everytime I see your face, it reminds me of the places we used to go. But all I've got is a photograph…«, geringer als ein Sechser im Lotto. Das liegt daran, dass Ringo bei Billardspielern nicht so beliebt ist, wohingegen diese Leute voll auf Def Leppard abfahren, und das aus einem ganz bestimmten Grund: Def Leppard gehört zu den Idolen der Billardstock-Luftgitarrenspielerszene! Leider nicht wegen »Photograph«, sondern wegen »Pour Some Sugar On Me«, was ein hervorragender Kapiteltitel wäre, wenn es für das iPhone nur eine Ausgießer- oder Zuckerdosen-App geben würde, was leider nicht der Fall ist. Ich weiß schon, was Sie jetzt denken: »Wäre er doch bei 'Photos of Toast' geblieben!« Stimmt's oder habe ich Recht?

Die eingebaute Kamera verwenden

SCOTT KELBY

Um die Kamera zu verwenden, tippen Sie einfach auf das Symbol der App *Kamera* (in der Abbildung eingekreist), woraufhin ein Farbbild dessen angezeigt wird, was die Kamera sieht. (Sie befindet sich auf der Rückseite des iPhone, und zwar oben links.) Das vorübergehend eingeblendete weiße Viereck zeigt den Bereich an, auf den Sie scharfstellen (siehe Seite 152). Um eine Aufnahme zu machen, tippen Sie am unteren Bildschirmrand auf die ovale Schaltfläche mit dem Kamerasymbol. Daraufhin ertönt das Geräusch, das der Verschlussmechanismus einer echten Kamera macht, während auf dem Bildschirm die Grafik einer sich öffnenden und schließenden Irisblende angezeigt wird. Daran können Sie erkennen, dass Sie gerade ein Foto geschossen haben. Bei einem iPhone 4S oder 5 können Sie als Auslöser auch die Taste zur Erhöhung der Lautstärke verwenden, die an der Seite des Geräts angebracht ist. Das neue Bild wird im Album **Aufnahmen** gespeichert (wo sich alle Ihre Fotos befinden), und die Kamera ist bereit für den nächsten Schnappschuss. Wollen Sie das aufgenommene Bild sehen, wischen Sie nach rechts über den Bildschirm. Um wieder zur Kamera zurückzukehren, wischen Sie nach links. Wenn Sie die Fotos in **Aufnahmen** sehen wollen, tippen Sie auf das kleine Viereck unten links auf dem Bildschirm.

---

iTipp: Fotos im Querformat aufnehmen

Wenn Sie Fotos im Querformat schießen wollen, müssen Sie das iPhone einfach nur auf die Seite drehen. Halten Sie es aufrecht, erfolgt die Aufnahme im Hochformat.

Die zweite Kamera im iPhone

Auf der Vorderseite eines iPhone 4, 4S oder 5 steht eine zweite Kamera zur Verfügung, die Sie für Videoanrufe (FaceTime) verwenden können, sich aber auch sehr gut für Selbstportraits eignet. Um zu dieser Kamera umzuschalten, tippen Sie oben rechts auf die Schaltfläche, die eine Kamera und zwei im Kreis verlaufende Pfeile zeigt. Sie sehen jetzt das Bild, das die Kamera auf der Vorderseite des iPhone aufnimmt. Um ein Foto von sich selbst zu machen, halten Sie das Gerät vor sich hin (dabei sehen Sie die aktuelle Vorschau) und tippen Sie dann auf den Auslöser (die ovale Schaltfläche am unteren Bildschirmrand, auf der eine Kamera abgebildet ist). Um wieder zur regulären Kamera zu wechseln, tippen Sie erneut auf die Umschalt-Schaltfäche.

📶 iTipp: Ein Raster für die Bilddrittelung einblenden

Um ihr Bild nach den Regeln der Bilddrittelung zu gestalten, könne Sie es mit einem Raster überlagern. Tippen Sie dazu oben in der App Kamera auf die Schaltfläche OPTIONEN, dann auf den Schalter für RASTER, um die Funktion einzuschalten, und schließlich auf FERTIG. Das Raster teilt das Bild horizontal und vertikal in Drittel. Das ist auch sehr praktisch, um die Kamera gerade an einer Linie im Bild auszurichten, z.B. am Horizont.

HDR-Fotos aufnehmen

SCOTT KELBY

Die iPhone-Kamera verfügt über eine HDR-Funktion, die vor allem bei schlechter Beleuchtung von Nutzen ist (z.B. wenn ein Teil des Motivs sehr hell und ein anderer sehr dunkel ist, was zu ganz furchtbaren Ergebnissen führt). Wenn Sie diese Funktion einschalten (tippen Sie in der App *Kamera* auf **Optionen** und dann auf den Schalter von **HDR**), erfasst die Kamera automatisch einen breiteren Belichtungsbereich, wodurch das Licht im Bild besser ausgeglichen wird und mehr Einzelheiten erkennbar werden. Bei der Verwendung HDR werden zwei Fotos aufgenommen, nämlich die Original- und die HDR-Version. Da sie nebeneinander liegen, können Sie durch eine Wischbewegung zwischen ihnen wechseln, um sie zu vergleichen, und anschließend diejenige aufbewahren, die am besten aussieht. (Die andere löschen Sie, indem Sie auf das Papierkorbsymbol unten auf dem Bildschirm tippen.)

---

iTipp: Meine liebste HDR-App

Wenn Sie sehr oft HDR-Aufnahmen machen, probieren Sie meine Lieblings-HDR-App aus, True HDR (erhältlich im App Store für 1,79 €). Besonders gern verwende ich den manuellen Modus, bei dem Sie zunächst auf die hellste Stelle im Bild tippen und dann das Foto aufnehmen. Anschließend tippen Sie auf die dunkelste Stelle und nehmen das Bild erneut auf. Daraufhin tippen Sie auf MERGE, woraufhin die beiden Bilder aneinander ausgerichtet und zu einem einzigen kombiniert werden. Ich liebe es! (Und ich hoffe, Sie werden es auch tun!)

Endlich Breit: Panoramafotografie

Auch das Thema Panorama-Fotografie am iPhone ist nicht ganz neu. In den vergangenen Jahren entstand da die eine oder andere App, die sich für diesen Bereich sehr gut eignet. Wer öfter mal ein Panorama ablichtet, sollte aber der in iOS 6 integrierten Panorama-Funktion eine Chance geben. Einmal in den Optionen der Kamera aktiviert, kann man in einem Rutsch ein Panorama von bis zu 240° erstellen.

Dabei beginnt man die Aufnahme wie gewohnt über den Kamera-Button und zieht das iPhone nach rechts der Szenerie entlang. Wichtig dabei: Halten Sie das iPhone so in der Waage, dass der Pfeil immer möglichst genau auf der Linie bleibt und ziehen Sie kontinuierlich weiter. Die Aufnahme stoppt entweder automatisch, wenn das Panorama „voll" ist, also die 240 Grad abgelichtet wurden. Oder dann, wenn Sie erneut auf den Kamera-Button tippen.

So lassen sich sehr ansprechende Panoramas mit einer maximalen Auflösung von bis zu 28 Megapixel erstellen.

Fotos auf dem iPhone bearbeiten

SCOTT KELBY

In iOS 6 können Sie direkt auf dem iPhone eine grundlegende Bildbearbeitung durchführen. Damit ist es möglich, das Bild zu beschneiden, zu drehen, rote Augen zu entfernen und sogar die Belichtung insgesamt zu verbessern. Tippen Sie in **Aufnahmen** (oder einem anderen Album) auf das gewünschte Bild und dann oben rechts auf **Bearbeiten**. Dadurch wird am unteren Bildschirmrand eine Menüleiste angezeigt. Um das Bild zu drehen, tippen Sie auf die Schaltfläche mit dem gekrümmten Pfeil ganz links. Wollen Sie das Erscheinungsbild des Fotos insgesamt verbessern, tippen Sie auf die Schaltfläche mit dem Zauberstab. Die automatische Verbesserung liefert meistens verblüffende Ergebnisse und macht Ihre Bilder lebendiger, far- biger und kontrastreicher. Die nächste Schaltfläche zeigt einen durchgestrichenen roten Kreis und dient dazu, rote Augen zu entfernen. Wenn eine Person auf einem Foto die berüchtigten roten Augen hat, tippen Sie auf diese Schaltfläche und dann nacheinander auf die Augen, um das Rot herauszukriegen. Das letzte Bearbeitungswerkzeug (ganz rechts) ist die Beschnitt- schaltfläche. Tippen Sie darauf und fahren Sie dann mit dem Finger von einer der Ecken des Schneiderahmens nach innen. Soll das Foto eine bestimmte Größe aufweisen, tippen Sie auf **Formate** und wählen eine Größe aus. Anschließend können Sie das Foto mit dem Finger in- nerhalb des Schneiderahmens verschieben, um den gewünschten Bildausschnitt festzulegen. Tippen Sie nach den Änderungen auf **Sichern**.

Fotos in Alben ordnen

Wenn Sie eine Reihe Fotos aufgenommen haben, können Sie sie in Fotoalben ordnen (z.B. für Familienfotos, Urlaubsbilder usw.), um zusammengehörige Bilder schnell aufrufen zu können. Um ein Album zu erstellen, öffnen Sie *Fotos* und tippen oben links auf dem Bildschirm **Alben** auf das +-Symbol. Geben Sie dem Album einen Namen und tippen Sie auf **Sichern**. Anschließend werden die Alben **Aufnahmen**, **Fotoarchiv** und **Fotostream** (falls Sie diese Funktion eingeschaltet haben; mehr darüber erfahren Sie auf Seite 166) sowie alle anderen von Ihnen erstellten Alben angezeigt, aus denen Sie dann die Bilder auswählen können, die Sie in das neue Album stellen wollen. Tippen Sie auf das Album, in dem sich die Fotos befinden, und dann entweder auf **Alle Fotos auswählen** oder auf die einzelnen gewünschten Bilder. (Um anzuzeigen, dass Sie ein Foto ausgewählt haben, wird das Vorschaubild durch einen blauen Kreis mit einem Häkchen gekennzeichnet.) Nachdem Sie alle gewünschten Fotos ausgewählt haben, tippen Sie oben rechts auf die blaue Schaltfläche **Fertig**, woraufhin die Bilder dem neuen Album hinzugefügt werden. Um das Album anzuzeigen, tippen Sie einfach in der Alben-liste darauf. Wollen Sie ein Foto aus einem Album löschen, tippen Sie darauf und dann auf das Papierkorbsymbol am unteren Bildschirmrand. Aber keine Angst, dadurch wird es nur aus dem Album entfernt, aber nicht endgültig vom iPhone gelöscht.

Den Fokussierbereich festlegen

SCOTT KELBY

Eine weitere hervorragende Funktion der iPhone-Kamera ist die Möglichkeit, auf eine beliebige Stelle im Bild zu fokussieren – dazu müssen Sie einfach nur auf diese Stelle tippen. Dadurch können Sie festlegen, ob die Kamera auf ein Motiv im Vordergrund scharfstellt oder auf eines, das sich weiter weg befindet. Beim Fokussieren wird ein kleines, weißes Viereck eingeblendet, das den aktuellen Bereich größter Schärfe anzeigt. Wollen Sie den Fokus auf einen anderen Teil des Bildes legen, tippen Sie darauf. Anhand dieser Stelle regelt die Kamera übrigens nicht nur die Schärfe, sondern auch die Belichtung und den Weißabgleich, sodass Sie bessere Fotos machen können. Eines noch: Wenn sich irgendetwas im Bild bewegt (z.B. ein Passant oder ein Tier, dann tippen Sie auf die Stelle, auf die Sie scharfstellen wollen, und halten den Finger einen Augenblick lang auf dem Bildschirm. Dadurch wird die Fokussierung verriegelt, sodass sie bei Bewegungen nicht an eine andere Stelle springt.

📶 **iTipp: Aufnahmen über Kopf**

Ich habe zwar gesagt, Sie sollen auf den Auslöser »tippen«, aber manchmal ist es besser, den Finger auf der Schaltfläche liegen zu lassen und erst dann wegzunehmen, wenn Sie wirklich die Aufnahme machen wollen. Wenn Sie das iPhone in die Höhe halten (etwa über eine Menschenmenge), können Sie nur schwer erkennen, wo Sie tippen müssen, weshalb Sie möglicherweise nicht dazu kommen, das Foto zu schießen. Berühren Sie den Auslöser daher, während Sie das iPhone noch vor sich haben, und lassen Sie den Finger darauf liegen. Heben Sie dann das iPhone hoch und nehmen Sie den Finger weg, wenn Sie die Aufnahme machen wollen. Mit diesem Trick können Sie auch Selbstportraits mit dem iPhone 3GS machen (da Sie dort den Bildschirm während der Aufnahme nicht sehen können).

Den eingebauten Blitz verwenden

Auf der Rückseite des iPhone 4, 4S und 5 befindet sich ein kleiner LED-Blitz, den Sie einschalten können, indem Sie auf die Blitzschaltfläche oben links auf dem Kamerabildschirm tippen (die mit dem Blitzsymbol). Dadurch werden drei Blitzoptionen eingeblendet: 1. **Aus** schaltet den Blitz aus (ich weiß, das hätte ich hier nicht zu erklären brauchen). 2. **Autom.** schaltet den Blitz automatisch ein, wenn die Kamera erkennt, dass sie mehr Licht braucht, um ein ordentliches Bild aufzunehmen. 3. **Ein** schaltet den Blitz ein, ob er nun gebraucht wird oder nicht.

---

iTipp: Den Blitz als Taschenlampe verwenden

Wenn Sie den LED-Blitz im Video-Modus (dazu gleich mehr) auf E_IN stellen, können Sie das iPhone auch als Taschenlampe nutzen.

Videos mit dem iPhone aufnehmen

SCOTT KELBY

Das iPhone kann Videos in überraschend hoher HD-Qualität aufnehmen, doch die Bedienung könnte einfacher sein. In der App *Kamera* finden Sie unten rechts eine Schaltfläche, über die Sie zwischen der Aufnahme von Standbildern (Standardeinstellung) und Videos auswählen können. Um einen Film aufzunehmen, tippen Sie auf diese Schaltfläche, um auf den Videobetrieb umzuschalten. Richten Sie die Kamera auf das Motiv. Wenn Sie auf eine bestimmte Person oder ein Objekt scharfstellen müssen, tippen Sie an dieser Stelle auf den Bildschirm (mehr darüber erfahren Sie auf Seite 152). Sind Sie zur Aufnahme bereit, tippen Sie unten auf dem Bildschirm auf die Schaltfläche mit dem roten Punkt. Daraufhin erklingt ein »ding!«, und der rote Punkt blinkt, um anzuzeigen, dass die Aufnahme läuft. Um sich das Video nach Beendigung der Aufnahme anzusehen (und anzuhören), tippen Sie auf das kleine Vorschaubild in der unteren linken Ecke und dann auf die Wiedergabeschaltfläche. Falls Sie sich fragen, wo das Video gespeichert wird: Es befindet sich neben Ihren Fotos im Album **Aufnahmen**.

Videoschnitt auf dem iPhone

Wenn am Anfang oder Ende des Videos überflüssiges Bildmaterial zu sehen ist, können Sie es gleich auf dem iPhone zurechtschneiden. Dabei können Sie sehr genau auswählen, welchen Teil des Films Sie aufbewahren wollen. Das geht wie folgt: Öffnen Sie das gewünschte Video im Album **Aufnahmen** (dazu müssen Sie die App *Fotos* auf dem Home-Bildschirm öffnen). Wenn Sie das gerade aufgenommene Video bearbeiten wollen, tippen Sie nach Beendigung der Aufzeichnung auf das kleine Vorschaubild unten links. Tippen Sie auf den Bildschirm mit dem angezeigten Videoclip, woraufhin am oberen Rand die *Einzelbildansicht* eingeblendet wird. Fahren Sie mit dem Finger über diese Leiste, um zu einem bestimmten Teil des Films zu kommen. Um das Video auf den gewünschten Ausschnitt zu beschränken, ziehen Sie das linke Ende der Leiste zu dem vorgesehenen Beginn und das rechte Ende zum vorgesehenen Ende. Dabei wird die Leiste gelb, woran Sie erkennen können, dass Sie sich im Schnittmodus befinden. Tippen Sie auf die Wiedergabeschaltfläche am unteren Rand, um sich den geschnittenen Clip anzusehen. Wenn alles zu Ihrer Zufriedenheit ist, tippen Sie oben rechts auf die gelbe Schaltfläche **Trimmen**. Daraufhin wird alles überflüssige an beiden Enden weggeschnitten und das Video auf die gewünschte Länge gekürzt.

> 📶 **iTipp: Videos löschen**
>
> *Wenn Sie ein Video komplett löschen wollen, tippen Sie in* AUFNAHMEN *auf das Vorschaubild, damit der Film im Vollbildmodus angezeigt wird, und dann auf das Papierkorbsymbol unten rechts. Wählen Sie in dem daraufhin eingeblendeten Menü* VIDEO LÖSCHEN.

Fotos vom Mac auf das iPhone laden

Wenn Sie einen Mac haben, besteht die einfachste Möglichkeit, Fotos auf das iPhone zu übertragen darin, die Apple-Anwendung iPhoto zu verwenden (die auf allen Macs vorinstalliert ist). Wenn Sie Fotos mit der Maus auf das iPhoto-Symbol im Dock ziehen, werden sie automatisch in Ihre iPhoto-Mediathek importiert. Anschließend klicken Sie unten rechts auf dem Bildschirm auf **Erstellen**, um getrennte Fotoalben anzulegen (z.B. eines für Familienschnappschüsse, eines für Urlaubsfotos oder eines als Mustermappe, falls Sie Berufsfotograf sind), und ziehen die Fotos dann aus der Mediathek in die gewünschten Alben. Nachdem Sie die Fotos in den iPhoto-Alben geordnet haben, schließen Sie das iPhone an den Computer an, worauf die Alben automatisch auf das Telefon hochgeladen werden (sofern Sie die entsprechende Voreinstellung festgelegt haben). Auf dem iPhone können Sie diese Alben dann in der App *Fotos* einsehen.

---

iTipp: Ausgewählte Fotoalben hochladen

Sie können das iPhone so einrichten, dass nur bestimmte iPhoto-Alben darauf hochgeladen werden. Diese Einstellung nehmen Sie in iTunes vor, während das iPhone an den Computer angeschlossen ist. Klicken Sie in der linken Seite des iTunes-Fensters unter GERÄTE auf den Eintrag für Ihr iPhone, um dessen Voreinstellungen zu öffnen. Klicken Sie auf den Titel FOTOS, aktivieren Sie das Markierungsfeld FOTOS SYNCHRONISIEREN VON und wählen Sie iPHOTO aus dem Einblendmenü aus. Laut Voreinstellung werden sämtliche iPhoto-Alben hochgeladen, aber Sie können einzelne Alben auswählen, indem Sie die Optionsschalter AUSGEWÄHLTE ALBEN, EREIGNISSE UND GESICHTER AUTOMATISCH EINBEZIEHEN und dann die Markierungsfelder neben den gewünschten Alben, Ereignissen und Gesichtern aktivieren. Wenn Sie fertig sind, klicken Sie unten rechts auf ANWENDEN bzw. SYNCHRONISIEREN.

Fotos ohne iPhoto vom Mac auf das iPhone laden

Wenn Sie Fotos auf das iPhone hochladen wollen, ohne iPhoto zu verwenden, können Sie
sie auf dem Mac einfach in einen Ordner stellen und den Rest von iTunes erledigen lassen.
Das geht wie folgt: Als Erstes müssen Sie das iPhone an den Computer anschließen, wodurch
iTunes gestartet wird (sofern die entsprechende Einstellung festgelegt ist). Klicken Sie in der
Quellenliste auf der linken Beispielseite unter **Geräte** auf den Eintrag für Ihr iPhone, um dessen
Einstellungen zu öffnen. Wählen Sie den Titel **Fotos** und aktivieren Sie das Markierungsfeld
Fotos Synchronisieren von. Klicken Sie im dazugehörigen Einblendmenü **Wählen Sie einen
Ordner...**. Dadurch wird das übliche **Öffnen**-Dialogfeld angezeigt, in dem Sie den Ordner mit
den Fotos auswählen können. Suchen Sie den Ordner, klicken Sie auf **Öffnen** und dann in der
unteren rechten Ecke des iTunes-Fensters auf **Anwenden**, um die Fotos aus diesem Ordner auf
das iPhone hochzuladen. Sind die Bilder auf Unterordner verteilt, werden diese auf dem iPhone
als einzelne Alben angezeigt. Um festzulegen, welche dieser Unterordner Sie hochladen wollen, aktivieren Sie im oberen Teil des Bereichs **Fotos** den Optionsschalter **Ausgewählte Ordner**
und dann die Markierungsfelder für die gewünschten Ordner. Wirklich einfach!

---

iTipp: Die Anzahl der Fotos in einem Album herausfinden

*Wenn Sie sich in Ihrem Aufnahme-Album auf dem iPhone befinden und wissen vollen, wie viele
Fotos sich darin befinden, ohne auf den Hauptbildschirm ALBEN zurückzukehren, blättern Sie einfach
in der Liste der Vorschaubilder bis ganz nach unten. Dort wird die Anzahl der Fotos und Videos
angegeben.*

Fotos vom PC auf das iPhone laden

Es gibt keine Windows-Version von iPhoto, doch das iPhone unterstützt den direkten automatischen Import aus zwei anderen Fotoverwaltungsprogrammen, nämlich Adobe Photoshop Album 2 (eine kostenlose Anwendung, die Adobe früher angeboten hat, die es aber nicht mehr gibt) und Adobe Photoshop Elements ab Version 3. Schließen Sie dazu das iPhone zuerst an den Computer an, wodurch iTunes gestartet wird. Klicken Sie in der Quellenliste auf der linken Beispielseite unter **Geräte** auf den Eintrag für Ihr iPhone, um dessen Einstellungen zu öffnen. Wählen Sie den Titel **Fotos** und aktivieren Sie das Markierungsfeld **Fotos Synchronisieren von**. Im dazugehörigen Einblendmenü wählen Sie diejenige der beiden unterstützten Anwendungen aus, von der aus Sie den Import durchführen möchten, also entweder Photoshop Album oder Photoshop Elements. Klicken Sie dann unten rechts auf **Anwenden**, um die Fotos auf Ihr iPhone hochzuladen.

---

iTipp: Die Reihenfolge der Fotos ändern

Die Reihenfolge der Fotos im Album müssen Sie auf dem Computer ändern. Öffnen Sie dann iTunes und synchronisieren Sie den Rechner mit dem iPhone. Die Daten werden jetzt auf dem iPhone aktualisiert, sodass die Bilder in der neuen Reihenfolge angezeigt werden.

Fotos ohne Album oder Elements vom PC auf das iPhone laden

Wenn Sie Fotos auf das iPhone hochladen wollen, ohne Photoshop Album oder Photoshop Elements zu verwenden, können Sie sie auf dem PC einfach in einen Ordner stellen und den Rest von iTunes erledigen lassen. Das geht wie folgt: Als Erstes müssen Sie das iPhone an den Computer anschließen, wodurch iTunes gestartet wird (sofern die entsprechende Einstellung festgelegt ist). Klicken Sie in der Quellenliste auf der linken Beispielseite unter **Geräte** auf den Eintrag für Ihr iPhone, um dessen Einstellungen zu öffnen. Wählen Sie den Titel **Fotos** und aktivieren Sie das Markierungsfeld **Fotos synchronisieren von**. Klicken Sie im dazugehörigen Einblendmenü **Wählen Sie einen Ordner...**. Dadurch wird das Dialogfeld **Ordner für Fotos ändern** geöffnet, der dem üblichen **Öffnen**-Dialogfeld entspricht. Hier können Sie den Ordner mit den Fotos auswählen. Suchen Sie den Ordner, klicken Sie auf **Ordner auswählen** und dann in der unteren rechten Ecke des iTunes-Fensters auf **Anwenden**, um die Fotos aus diesem Ordner auf das iPhone hochzuladen. Sind die Bilder auf Unterordner verteilt, können Sie im oberen Teil des Bereichs **Fotos** den Optionsschalter **Ausgewählte Ordner** und dann die Markierungsfelder für die gewünschten Ordner aktivieren. Die Unterordner werden auf dem iPhone als einzelne Alben angezeigt.

Importierte Fotos anzeigen

Um die Fotos einzusehen, die Sie auf Ihr iPhone importiert haben, öffnen Sie die App *Fotos*. Dadurch wird der Albumbildschirm eingeblendet, in dem sich ganz oben das Album **Aufnahmen** (mit den Bildern, die Sie mit der iPhone-Kamera geschossen haben), dann das **Fotoarchiv** (mit allen auf das iPhone importierten Bildern) und schließlich eine Liste aller sonstigen Alben befindet, die Sie erstellt haben, z.B. für Familien- und Urlaubsfotos. Um Vorschaubilder der Fotos zu sehen, tippen Sie auf das entsprechende Album. Sie können durch diese Vorschaubilder blättern, indem Sie mit dem Finger nach oben oder unten wischen. Wollen Sie ein Foto bildschirmfüllend anzeigen, tippen Sie darauf. Wenn Sie sich im Vollbildmodus befinden, können Sie sich die anderen Fotos desselben Albums ansehen, indem Sie mit dem Finger in die Richtung wischen, in die Sie blättern wollen. Schnellt das Bild dabei zurück, als sei es gegen eine Wand geprallt, haben Sie das Ende des Albums erreicht. Wischen Sie in diesem Fall in die andere Richtung.

---

iTipp: Mehrere Fotos aus dem Album AUFNAHMEN löschen

Um mehrere Fotos aus dem Album AUFNAHMEN zu löschen, tippen Sie zunächst oben rechts auf die Schaltfläche BEARBEITEN und dann auf die zu löschenden Fotos (dabei erscheint neben dem Vorschaubild ein roter Kreis mit einem Häkchen, um zu kennzeichnen, dass das Foto ausgewählt ist). Haben Sie alles markiert, was Sie entfernen wollen, tippen Sie unten rechts auf die rote Schaltfläche LÖSCHEN. (Zum Löschen von Fotos aus dem FOTOARCHIV oder aus anderen Alben müssen Sie eine Synchronisierung durchführen.)

Fotos als Diashow anzeigen

Um Ihre Fotos in Form einer Diashow zu betrachten, öffnen Sie die App *Fotos*, um den Album-bildschirm einzublenden. Wollen Sie ein gesamtes Album als Diashow darstellen, tippen Sie auf das Album, dann auf eines der Vorschaubilder und schließlich auf die Wiedergabeschalt-fläche am unteren Bildschirmrand. Die Diashows werden mit harmonischen Überblendungen zwischen den einzelnen Bildern angezeigt, allerdings können Sie auf dem Bildschirm **Diashow-Optionen**, der nach dem Antippen der Wiedergabeschaltfläche erscheint, auch eine andere Form von Übergang wählen. Sie können hier auch eine Musikuntermalung hinzufügen (darum kümmern wir uns in Kürze). Wenn alles bereit ist, tippen Sie auf **Präsentation starten**. Um die Diashow anzuhalten, tippen Sie auf den Bildschirm. Wollen Sie die Anzeigedauer der einzelnen Fotos ändern, tippen Sie in der App *Einstellungen* auf **Fotos & Kamera**. Hier haben Sie auch Auswahlmöglichkeiten für **Wiederholen** (um die Diashow in einer Endlosschleife wiederzu-geben) und für **Zufällig** (um die Fotos in zufälliger Reihenfolge auszugeben). Wenn Sie alles festgelegt haben, tippen Sie oben links auf **Einstellungen.**

---

iTipp: Mehrere Fotos per E-Mail senden

Um mehr als ein Foto auf einmal per E-Mail zu verschicken, gehen Sie fast genauso vor wie beim Löschen mehrerer Bilder (siehe den Tipp auf der vorherigen Seite), wobei dies jedoch in allen Fotoalben funktioniert. Nachdem Sie die Fotos ausgewählt haben (bis maximal fünf), tippen Sie auf SENDEN und dann auf MAIL. Hinweis: Wenn Sie zu viele Bilder auswählen, wird die Schaltfläche MAIL nicht mehr angezeigt (sondern nur noch NACHRICHTEN und die anderen Optionen, da Sie in dieser Form bis zu 12 Fotos senden können). Um Fotos wieder aus der Auswahl herauszunehmen, tippen Sie darauf.

Hintergrundmusik zu einer Diashow hinzufügen

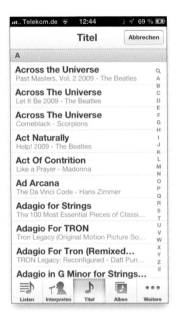 

In iOS 6 können Sie Diashows jetzt mit Hintergrundmusik untermalen. Tippen Sie in der App *Fotos* auf das Album, dass Sie anzeigen lassen wollen, dann auf ein Foto in dem Album und schließlich auf die Wiedergabeschaltfläche unten in der Mitte. Daraufhin erscheint der Bildschirm **Diashow-Optionen**, auf dem Sie auf **Musikwiedergabe** tippen, um diese Funktion einzuschalten. Danach tippen Sie auf das dann eingeblendete Feld **Musik**, wodurch Sie zur Titelliste von *Musik* gelangen. Wählen Sie ein Lied aus und tippen Sie auf **Präsentation starten**. Die Diashow und die Musik werden zusammen abgespielt.

---

iTipp: Eine Diashow anhalten

Um eine laufende Diashow anzuhalten, tippen Sie auf den Bildschirm. Wollen Sie sie fortsetzen, tippen Sie unten in der Mitte auf die Wiedergabeschaltfläche und dann auf PRÄSENTATION STARTEN.

In Textnachrichten empfangene Fotos und Videos ansehen und speichern

Wenn Ihnen jemand in einer Textnachricht ein Foto gesendet hat (mehr darüber erfahren Sie in *Kapitel 3*), wird in der Unterhaltung ein Vorschaubild angezeigt. Tippen Sie darauf, um es bildschirmfüllend zu öffnen. Wollen Sie das Bild auf Ihrem iPhone speichern, tippen Sie im Vollbildmodus darauf und dann auf die Schaltfläche in der oberen rechten Ecke. Anschließend tippen Sie auf **Sichern in** »**Aufnahmen**«. Das Bild wird im Album **Aufnahmen** abgelegt.

📶 iTipp: Fotos kopieren und einfügen

Wenn Sie sich ein Foto im Vollbildmodus ansehen, können Sie es in den Arbeitsspeicher kopieren und von dort aus in eine andere Anwendung kopieren (z.B. in eine E-Mail- oder Textnachricht). Berühren Sie das Foto einige Augenblicke lang, bis die Einblendung Kopieren erscheint. Tippen Sie darauf, um das Bild in den Arbeitsspeicher zu kopieren. Jetzt können Sie es überall dort einfügen, wo Sie wollen (nun zumindest überall dort, wo Sie gewöhnlich irgendetwas einfügen können).

Ein Foto zum Hintergrundbild machen

Als Hintergrundbild für den Fall, dass Ihr iPhone aus dem Standby-Modus erwacht oder dass Sie jemanden anrufen, können Sie ein Foto verwenden. Öffnen Sie dazu die App *Fotos* und tippen Sie auf das Album mit dem gewünschten Foto. Auf dem Bildschirm mit den Vorschaubildern wählen Sie das Foto aus und tippen dann auf die Schaltfläche unten links, um das Options-menü zu öffnen. Wählen Sie hier **Als Hintergrundbild** aus, woraufhin ein neuer Bildschirm geöffnet wird, auf dem Sie durch Kneif- und Spreizbewegungen die Größe und durch Ver-schieben den Bildausschnitt festlegen können. Wenn Sie zufrieden sind, tippen Sie auf **Fest-legen**. Geben Sie dann noch an, ob das Foto für den **Sperrbildschirm** oder **Home-Bildschirm** (oder **Beide**) genutzt werden soll.

---

iTipp: Fotos größer darstellen

Um sich ein Foto genauer anzusehen – ob es sich nun um ein Bild aus einem Album oder eine Aufnahme mit der Kamera handelt – tippen Sie auf das Vorschaubild, um es im Vollbildmodus darzustellen, berühren den Bildschirm mit zusammengekniffenem Daumen und Zeigefinger und spreizen die Finger. (Sie können auch einfach auf den Bildschirm doppeltippen.) Um noch weiter in das Bild zu zoomen, wiederholen Sie die Spreizgeste. Durch erneutes Doppeltippen gelangen Sie wieder zur Normalgröße zurück.

Fotos per E-Mail verschicken

SCOTT KELBY

Um ein Foto per E-Mail zu senden, öffnen Sie die App *Fotos*. Tippen Sie auf das Album, in dem sich das Foto befindet (**Aufnahmen** für Fotos, die Sie mit der Kamera geschossen haben), und dann auf das Vorschaubild. Dadurch wird das Foto im Vollbildmodus angezeigt. Hier tippen Sie auf die Schaltfläche unten links, um die Optionen einzublenden. Wenn Sie auf **Mail** tippen, gelangen Sie zum Bildschirm **Neue E-Mail**. Tippen Sie auf das Feld **An** und geben Sie über die daraufhin eingeblendete Tastatur die E-Mail-Adresse des gewünschten Empfängers ein. (Haben Sie den Empfänger als Kontakt gespeichert, tippen Sie auf den blauen Kreis rechts neben dem Feld **An**.) Sie können auch auf das Feld **Kopie/Blindkopie, Von** tippen, um eine Kopie der Nachricht an andere Personen zu senden. In das Feld **Betreff** geben Sie die Betreffzeile ein. Wie Sie sehen, ist das Bild bereits am Ende der E-Mail eingefügt worden, sodass Sie nur noch die letzten fehlenden Informationen eingeben müssen und dann oben rechts auf **Senden** tippen können, um das Foto zu verschicken. In einem Menü werden Sie dann noch gefragt, in welcher Größe die Datei gesendet werden soll (je größer die Datei, umso länger dauert die Übertragung). Wählen Sie Ihre Größe, und ab geht die Post.

> **iTipp: Fotos auf dem iPhone bearbeiten**
>
> *Meine Lieblings-App zur Bildbearbeitung auf dem iPhone ist Photogene[2] (von Omer Shoor). Ich bin immer noch erstaunt, was sie alles kann! (Sie ist erstaunlich leistungsfähig.)*

Allgegenwärtiger Zugriff auf Ihre Fotos via iCloud

iCloud kann die Fotos, die Sie auf dem iPhone aufgenommen haben, automatisch an alle Ihre anderen Geräte (z.B. Ihr iPad, Ihren Computer usw.) übertragen. Dadurch stehen Ihnen alle Ihre Fotos jederzeit auf all Ihren Geräten zur Verfügung! »Oh, ich würde dir das jetzt gern zeigen, aber das ist irgendwo auf meinem iPad/iPhone/Computer«, gehört jetzt der Vergangenheit an, denn jetzt ist alles jederzeit überall vorhanden. Zum kostenlosen Dienst von iCloud gehört auch die Funktion Fotostream. Um sie einzurichten, öffnen Sie *Einstellungen*, scrollen nach unten und tippen auf **iCloud**. Geben Sie Ihre Apple-ID ein und schalten Sie **Fotostream** ein. Jetzt werden die Fotos, die Sie auf Ihrem iPhone aufnehmen, drahtlos an Ihre ganzen anderen Geräte gesendet, auf denen Sie iCloud aktiviert haben. iCloud bietet mehr als nur dies. Lesen Sie daher das Kapitel über iCloud, um zu erfahren, wie Sie mit diesem Dienst nicht nur auf Ihre Fotos zugreifen, sondern auch viele andere tolle Sachen machen können.

Fotostreams anlegen und teilen

Der Fotostream ist eine gute Möglichkeit, Fotos Geräte-übergreifend anzuzeigen und auf Wunsch auf iPhone, iPad oder Mac zu speichern. Mit iOS 6 können Sie auch mehrere Fotostreams anlegen und deren Inhalte mit Familie, Freunden oder Kollegen teilen. Dann lassen sich Bilder auch kommentieren.

Aktivieren Sie dazu in den **Einstellungen** zu **Fotos & Kamera** die Option **Fotostreams**. Dann haben Sie im Bereich **Fotostream** der Fotos-App ein +-Zeichen, mit dem Sie einen neuen Fotostream erstellen. Alternativ dazu können Sie einen neuen Fotostream auch aus dem Senden-Dialog der Fotos-App heraus erstellen, wenn Sie im zweiten Schritt Fotostream und dann **Neuer Fotostream…** auswählen.

Geben Sie danach an, wer Zugang dazu bekommen und welchen Namen der Fotostream bekommen soll (**An:**). Zuletzt besteht optional auch noch die Möglichkeit, den Fotostream gänzlich öffentlich zu machen (Punkt: **Öffentliche Webseite**). Mit **Erstellen** legen Sie den Fotostream an und informieren die eingeladenen Personen per Mail darüber. Darin wird dann auch erklärt, wie Ihre Gäste dem Stream beitreten können.

Tipp: Wenn Sie in der Übersicht aller Ihrer Fotostreams auf den weißen Pfeil auf blauen Grund eines Streams tippen, gelangen Sie zu den entsprechenden Einstellungen. Hier passen Sie auf Wunsch auch nachträglich noch alle Optionen an. Laden Sie beispielsweise Personen ein oder aus, ändern Sie den Namen des Fotostreams und aktivieren oder deaktivieren Sie die öffentliche Freigabe.

Fotos vom iPhone herunterladen

Mit iTunes können Sie zwar so ziemlich alles verwalten, was es auf Ihrem iPhone gibt, aber die Kamera sollten Sie wie jede andere Digitalkamera auch behandeln: Wenn Sie sie an Ihren Computer anschließen und sie neu aufgenommene Bilder enthält, wird die Software gestartet, die Sie zum Fotoimport installiert haben. Auf einem Mac wird wahrscheinlich iPhoto oder Image Capture geöffnet und bietet Ihnen an, Ihre Schnappschüsse zu importieren, während auf einem Windows-PC das AutoPlay-Dialogfeld oder der Kamera-Assistent gestartet werden. Damit erschöpfen sich die Möglichkeiten aber noch nicht. Sie können auch Photoshop Elements, Photoshop Lightroom, Aperture, den Photo Downloader von Adobe Bridge, Windows Photo Gallery oder irgendein anderes Programm verwenden, das Bilder von einer Kamera importieren kann. Sollen die Bilder einfach nur in einen Ordner Ihrer Wahl auf dem Computer heruntergeladen werden, reichen dazu auf einem Mac Image Capture und auf einem PC die AutoPlay-Funktion aus. Anschließend können Sie die Fotos beliebig bearbeiten, da es sich dabei um reguläre JPEG-Dateien handelt. (*Hinweis:* Wie auf der vorhergehenden Seite erwähnt, können Sie die Bilder auch drahtlos über iCloud herunterladen.)

Kapitel 13

Warum einfach, wenn's auch umständlich geht

Unverzichtbare Tipps und Tricks

 Dies ist die sechste Ausgabe dieses Buches, und jedes Mal, wenn wir die Gelegenheit zu einer Überarbeitung erhalten, wollen wir mehr tun, als nur die neuen Funktionen ergänzen – wir wollen das Buch besser machen als in den Vorgängerversionen, was zeigt, dass bei der Verdrahtung unserer Gehirne irgendetwas ganz fürchterlich schiefgelaufen ist. Die meisten Autoren sind vollauf damit zufrieden, ihre Bücher einfach nur auf den neuesten Stand zu bringen, aber wenn Terry und ich diese anderen Autoren sehen, die so etwas wie ein Familienleben und Freunde, Freizeit und eine erfolgreiche Karriere neben der Schreiberei haben, sagen wir uns: »Schau dir mal diese Armleuchter an. Die laufen draußen rum, haben Spaß und genießen ihr Familienleben, obwohl sie doch in der Stube hocken, endlos lange auf ihre Laptops starren und auf den Tastaturen herumhacken könnten, bis sie nur noch blutige Stümpfe statt Fingern hätten.« Dann lachen wir und machen uns über diese »geselligen« Autoren lustig, weil sie eindeutig nicht engagiert genug sind, um für eine Verbesserung ihrer Bücher ihre Ehe, ihren Beruf und eine gelegentliche Anklage als Schwerbrecher zu riskieren. Als Terry auf die Idee kam, dieses Kapitel hinzuzufügen, obwohl wir mit dem Schreiben und Überarbeiten schon fertig waren und das Buch bereits in Druck gehen sollte, hat das, wie Sie sich denken können, zu allerhand Stress geführt. Wir alle wissen, wie gefährlich Stress für die Gesundheit und das Wohlbefinden sein können. Tatsächlich sind bereits viele nicht approbierte Ärzte der Meinung, dass der Stress beim Schreiben solcher zusätzlicher Tipps zu Gesundheitsschäden führen kann, vor allem zu Herz- und Gefäßkrankheiten, die zu Schlaganfällen und Herzinfarkten führen können. Daher haben wir als Titel für dieses Kapitel vorübergehend »Todestrip« ins Auge gefasst. Aber wirklich nur vorübergehend.

Das iPhone 5 als Diktiergerät verwenden

Auf dem iPhone 5 können Sie Siri Fragen stellen und Antworten von ihr erhalten. Mit der Spracherkennung können Sie aber auch Nachrichten oder Texte für andere Apps diktieren. Wenn in
einer App ein Mikrofonsymbol auf der Tastatur angezeigt wird, können Sie darauf tippen und
dann diktieren, anstatt den Text zu tippen. Das iPhone 5 ist bei der Spracherkennung sehr gut,
aber es beherrscht keine automatische Zeichensetzung. Am Satzende müssen Sie tatsächlich
»Punkt« sagen, damit das iPhone 5 einen Punkt macht. Am besten funktioniert es, wenn Sie
immer nur kurze Stücke diktieren und nicht gleich ganze Absätze auf einmal. Haben Sie das
Diktat beendet, tippen Sie auf **Fertig**, um sich das Ergebnis anzusehen.

Ausschneiden, Kopieren, Einfügen, Vorschläge und die Tastatur im Querformat

Wenn Sie auf ein Wort doppeltippen, werden blaue Griffe angezeigt, die Sie zum Kopieren auswählen können. Das funktioniert auch bei Bildern, z.B. aus einer E-Mail oder einer Webpage in Safari. Haben Sie auf diese Weise einen Bereich ausgewählt, tippen Sie auf **Kopieren** oder auf **Alles**, um den gesamten Text auszuwählen. Anschließend wechseln Sie in die App, in der Sie den Text einfügen möchten, und tippen dort, um die Schaltfläche **Einsetzen** zu öffnen. Tippen Sie darauf, um den kopierten Text einzufügen. Es ist auch möglich, Wörter zu ersetzen. Doppeltippen Sie auf ein Wort, woraufhin in dem Menü die Schaltfläche **Vorschlag** angezeigt wird, falls das iPhone andere Wörter kennt, die Sie an dieser Stelle verwenden könnten. Tippen Sie auf **Vorschlag** und dann auf das gewünschte Wort. Eine weitere wichtige Funktion besteht darin, dass Sie das iPhone auf die Seite drehen können, um dadurch eine Tastatur im Querformat zu erhalten. Das funktioniert bei den meisten der mitgelieferten Apps wie *Mail*, *Nachrichten* und *Notizen*.

---

iTipp: Fotos kopieren und einfügen

Sie können auch Fotos aus der App Fotos kopieren und einfügen. Öffnen Sie das Album mit dem gewünschten Foto und tippen Sie auf das zu kopierende Bild. Legen Sie den Finger auf das Foto und belassen Sie ihn dort. Tippen Sie dann auf KOPIEREN. Wechseln Sie dann zu der App, in der Sie die Bilder einfügen möchten (z.B. Mail), tippen Sie doppelt auf den Bildschirm und dann auf EINSETZEN.

Die virtuelle Tastatur beherrschen

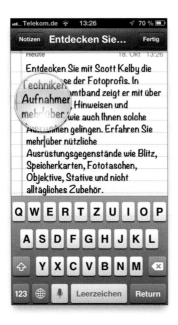 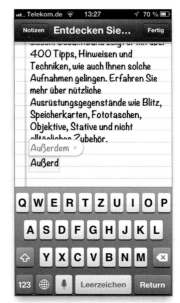

Wenn Sie zum ersten Mal mit der iPhone-Tastatur arbeiten, sind Sie wahrscheinlich versucht, Tippfehler sofort zu korrigieren. Das iPhone ist jedoch klug genug, um die meisten Fehler automatisch zu beheben. Es vergleicht das, was Sie eingeben, mit dem, was Sie bereits eingegeben haben, und kann das richtige Wort daher gewöhnlich erraten. Tippen Sie also einfach weiter. Wenn Sie tatsächlich einen Fehler korrigieren müssen, ist es nicht nötig, das ganze Wort zu löschen. Berühren Sie das Wort so lange, bis das Vergrößerungsglas erscheint. Jetzt können Sie den Cursor mit dem Finger dorthin bewegen, wo Sie etwas ändern oder löschen wollen. Wenn Sie ein Wort einzugeben beginnen, das dem iPhone bekannt ist, kann es einen Vorschlag machen. Ist dieser Vorschlag korrekt, tippen Sie auf **Leerzeichen**. Anderenfalls tippen Sie einfach weiter. Wird ein Wort rot unterstrichen, tippen Sie darauf, um sich Korrekturvorschläge anzeigen zu lassen. Am Ende eines Satzes brauchen Sie keinen Punkt einzugeben. Wenn Sie zweimal auf **Leerzeichen** tippen, fügt das iPhone einen Punkt und ein Leerzeichen ein und schaltet die Tastatur für den nächsten Satzanfang auf Großbuchstaben um. Die Feststelltastenfunktion ist standardmäßig ausgeschaltet. Sie können Sie in den Einstellungen aktivieren (tippen Sie in *Einstellungen* auf **Allgemein** und dann auf **Tastatur**). Anschließend können Sie auf die Umschalttaste doppeltippen, was wie eine Feststelltaste wirkt.

📶 iTipp: Die automatische Korrektur ausschalten

Die Korrekturfunktion des iPhone können Sie ausschalten. Öffnen Sie Einstellungen, tippen Sie auf ALLGEMEIN *und dann auf* TASTATUR *und deaktivieren Sie* AUTO-KORREKTUR.

Akzentzeichen eingeben

Wenn Sie einen Buchstaben mit einem Akzent eingeben müssen, tippen Sie auf die Taste des Buchstabens, der den Akzent trägt, und halten Sie den Finger darauf, sodass ein Menü mit den verfügbaren diakritischen Zeichen eingeblendet wird. Fahren Sie mit dem Finger zu dem gewünschten Buchstaben und lassen Sie dann los. Auch andere Sonderzeichen sind verfügbar. Wenn Sie den Finger beispielsweise auf der Schaltfläche für den Punkt halten, wird Ihnen angeboten, Auslassungspunkte (...) einzufügen.

ePUBs und PDFs in iBooks lesen

In der App iBooks (die kostenlos im iTunes App Store erhältlich ist) können Sie ePubs und PDFs lesen, indem Sie in einer kompatiblen App, z.B. *Mail*, die Option **In iBooks öffnen** wählen. Nehmen wir beispielsweise an, Sie erhalten in einer E-Mail ein PDF als Anhang. Wenn Sie auf den Anhang tippen, um ihn anzusehen, wird er in *Mail* angezeigt. In der oberen rechten Ecke finden Sie jedoch eine Schaltfläche, die wie ein Viereck aussieht, aus dem ein Pfeil springt. Wenn Sie darauf tippen, werden die installierten Apps, in denen Sie PDFs ansehen können, sowie die Schaltfläche **Drucken** angezeigt. Tippen Sie hier auf **In iBooks öffnen**, um das PDF in die App *iBooks* zu kopieren, wo es unter den anderen PDFs aufgeführt wird. Jetzt müssen Sie nicht mehr nach der E-Mail suchen, um das PDF (oder eine ePub) einzusehen. Das ist eine hervorragende Möglichkeit, um Betriebsanleitungen in PDF-Form mitzuführen. Wenn Sie in einer Anwendung selbst ein ePub erstellen, z.B. in Adobe InDesign oder in Pages von Apple, können Sie auch dies direkt in iBooks anzeigen.

Kapitel 14

Einstellungssache
Ausgewählte iPhone-Einstellungen

 Wegen des schönen Wortspiels mit *settings* (»Einstellungen«) wollte ich für dieses Kapitel eigentlich den Titel des Songs »Setting Me Off« (was in diesem Zusammenhang aber nichts mit Einstellungen zu tun hat, sondern eher etwas wie »selbst entflammen« oder »sich selbst auslösen« bedeutet ... wäre das etwas für das Kamerakapitel gewesen?) verwenden, der mir jedoch zu aggressiv für einen Text klang, in dem es über etwas so Harmloses wie die iPhone-Einstellungen geht. Als ich bei einer Suche im iTunes Store feststellte, dass die Gruppe, die dieses Lied aufgenommen hat, den Namen »Speed\Kill/Hate« trägt (es stammt aus dem Album »Acts of Insanity«), hatte ich schon ein besseres Gefühl. Dann aber erkannte ich, dass der Titel im iTunes Store mit einem Warnhinweis für obszöne Sprache gekennzeichnet war (als Warnhinweis für die Eltern, wohlgemerkt, da sich die Kinder und Jugendlichen keinen Deut darum scheren; ich glaube eher, dass die jungen Leute so einen Hinweis als besonderen Kaufanreiz empfinden). Wie auch immer, als ich diese Warnung sah, tat ich das, was jeder verantwortungsbewusste Erwachsene tun würde – ich habe mit einem Doppelklick die kostenlose 90-s-Hörprobe aufgerufen. Bei dem Stück handelt es sich um einen Heavy-Metal-Song, und um ganz ehrlich zu sein: Ich glaube, ich werde alt, denn ich habe nicht ein einziges Wort verstanden. Die hätten da auch ein Sopranos-Drehbuch mit sämtlichen Kraftausdrücken vorsingen können, die selbst einem Seemann die Schamröte ins Gesicht getrieben hätten, und es wäre mir nicht möglich gewesen, auch nur eines davon zu erkennen. Zum Glück hat mein Sohn einen besonderen CD-Spieler (wie ihn normalerweise nur DJs verwenden), mit dem Sie eine CD auch langsamer abspielen können, sodass ich endlich den Text der ersten Zeilen von »Setting Me Off« anhören könnte, die da lauten: »Ändere dich nicht ... um mich zu versuchen und mir zu gefallen. Du hast mich noch nie zuvor enttäuscht ... oooh, oooh, oooh ... oooh, ooooooh.« Hätte ich danach noch Bedenken haben sollen? Apropos Bedenken: Mittlerweile ist der Obszönitätenhinweis im iTunes-Store wieder verschwunden. Sie könne also *Setting Me Off* bedenkenlos laden. Ob Sie den Inhalt dadurch besser verstehen, bleibt abzuwarten.

Das iPhone im Flugzeug verwenden

Bei den meisten Fluggesellschaften ist es untersagt, mit einem iPhone (oder einem anderen Gerät) während des Flugs etwas zu senden. Aber da es natürlich auch andere Dinge gibt, die Sie unterwegs mit dem iPhone tun können, gibt es den Flugmodus. In diesem Zustand sind das Telefon, der WLAN-, der Bluetooth- und der GPS-Zugang deaktiviert. Um in den Flugmodus umzuschalten, öffnen Sie *Einstellungen* und tippen auf den Schalter für **Flugmodus**. Dass Sie sich im Flugmodus befinden, können Sie daran erkennen, dass in der oberen linken Ecke statt der Providerbezeichnung ein kleines Flugzeugsymbol angezeigt wird. Nach der Landung können Sie den Flugmodus wieder ausschalten, indem Sie in *Einstellungen* erneut auf den Schalter **Flugmodus** tippen.

---

iTipp: Andere Gründe zur Verwendung des Flugmodus

Der Flugmodus wurde zwar zur Benutzung des iPhone an Bord von Flugzeugen entwickelt, ist aber auch in anderen Situationen sinnvoll, beispielsweise, wenn Sie sich in der Nähe des Mikrophons einer Lautsprecheranlage, in einem Tonstudio oder im Umkreis Ihrer Stereoanlage befinden, da es sonst zu Störungen kommen kann. Wenn Sie ein lautes Brummen aus anderen Lautsprechern hören, kann Ihr iPhone die Ursache sein. Schalten Sie dann in den Flugmodus, um die Störung zu unterbinden.

WLAN-Verbindungen herstellen

Öffnen Sie die App *Einstellungen*, tippen Sie auf **WLAN** und aktivieren Sie die WLAN-Funktion dann, indem Sie auf den zugehörigen Schalter tippen. Daraufhin werden die Netze angezeigt, die das iPhone erkennt und mit denen eine Verbindung möglich ist. Wird neben dem Netzwer-knamen ein kleines Vorhängeschloss dargestellt, ist dieses Netz mit einem Passwort geschützt. Wenn Sie das Passwort kennen, können Sie es eingeben und sich anmelden. Wenn Sie wissen, dass es in Ihrer Nähe ein Netzwerk gibt, das seinen Namen nicht bekannt gibt, tippen Sie auf **Anderes...**, geben den Namen ein und wählen aus, welche Art von Sicherheit für dieses Netzwerk verwendet wird, sodass Sie das Passwort bzw. den Hex-Schlüssel eingeben können. Schließlich gibt es noch die Option **Auf Netze hinweisen**. Es ist sehr wichtig, darüber Bescheid zu wissen, denn unterwegs kann es sein, dass sich in Ihrer Nähe viele WLANs befinden. Wenn Sie nun versuchen, mit dem iPhone Daten zu übertragen und das iPhone ein offenes WLAN feststellt, fragt es Sie, ob Sie mit diesem Netzwerk Verbindung aufnehmen möchten, anstatt das 3G- oder EDGE-Netz zu verwenden. Wenn diese Nachfragerei Sie nervt, können Sie diese Funktion ausschalten. Dann aber müssen Sie manuell nachprüfen, ob ein WLAN verfügbar ist.

---

iTipp: WLAN-Zugriff im Flugzeug?

Wenn auf einem Flug ein WLAN-Zugang angeboten wird, können Sie die WLAN-Funktion wieder einschalten, nachdem Sie sie für den Start abgeschaltet haben (und bevor Sie sie für die Landung wieder ausschalten). Öffnen Sie Einstellungen, tippen Sie auf WLAN und dann auf das verfügbare Netzwerk, um die Funktion wieder zu aktivieren und sich mit dem WLAN zu verbinden. Das iPhone bleibt dabei im Flugmodus, und die Telefonfunktionen sind nach wie vor ausgeschaltet.

Die WLAN-Synchronisation von iTunes nutzen

Vor iOS 5 mussten Sie Ihr iPhone immer über das USB-Kabel mit Ihrem Mac oder PC verbinden, um neue Medien zu synchronisieren und ein Backup zu erstellen. Jetzt ist eine solche Verbindung nur ein einziges Mal notwendig, nämlich um die WLAN-Synchronisierung zu aktivieren. Aktivieren Sie unter dem Titel **Übersicht** von iTunes unter **Optionen** das Markierungsfeld **Mit diesem iPhone über WLAN synchronisieren**. Anschließend können Sie die Verbindung zwischen iPhone und Computer trennen (warten Sie jedoch, bis die aktuelle Synchronisierung abgeschlossen ist). Danach wird Ihr iPhone automatisch über eine WLAN-Verbindung mit Ihrem Computer synchronisiert, wenn Sie es an eine Stromquelle anschließen. Dazu muss iTunes auf Ihrem Computer laufen. Eine drahtlose Synchronisierung können Sie auch bei Bedarf auslösen, indem Sie in *Einstellungen* auf **Allgemein**, dann auf **iTunes-WLAN-Sync** und schließlich auf **Jetzt synchronisieren** tippen. Das funktioniert sogar mit mehr als einem Computer, wobei jedoch immer noch eine Kategorie (Daten, Medien, Fotos, Apps usw.) mit einem Computer synchronisiert werden kann. Ich persönlich lasse Mediendateien (Musik, Filme, Bücher, Podcasts) mit meinem iMac synchronisieren und alles andere mit meinem MacBook Pro.

Software drahtlos aktualisieren

In iOS 6 haben Sie jetzt die Möglichkeit, das Betriebssystem des iPhone drahtlos zu aktualisieren. Wenn Apple eine neue Version von iOS veröffentlicht, müssen Sie Ihr iPhone also nicht mehr an den Computer anschließen, um es zu aktualisieren. Die Updates sind jetzt kleiner, sodass Sie viele von ihnen sogar über das Mobilfunknetz beziehen können. Um zu überprüfen, ob eine Softwareaktualisierung vorliegt, tippen Sie in *Einstellungen* auf **Allgemein** und dann auf **Softwareaktualisierung**.

Sofern Sie ein iPhone 5 haben, kann es sein, dass Sie beim ersten Mal ein kleines Tool installieren müssen. Das behebt einen Fehler und ermöglicht künftig die problemlose Installation der Updates.

Die Einstellungen für Mail, Kontakte und Kalender

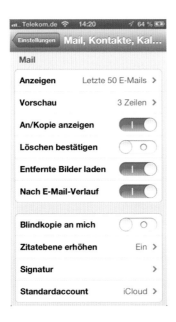
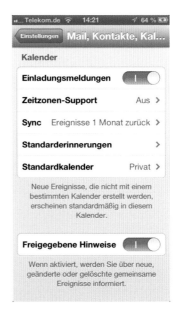

Im Bereich **Mail, Kontakte, Kalender** der App *Einstellungen* können Sie E-Mail-Accounts einsehen, ändern und hinzufügen sowie festlegen, wie das iPhone mit den vorhandenen Accounts, Kontakten und Kalendern umgehen soll. Standardmäßig zeigt das iPhone die letzten 50 Nachrichten an, was Sie auf bis zu 1000 ändern können. Außerdem werden jeweils die ersten beiden Zeilen einer Nachricht angezeigt, ohne dass Sie die E-Mail öffnen müssen. Auch dies können Sie auf einen Wert zwischen null und fünf Zeilen ändern. Des Weiteren können Sie hier eine Mindestgröße für die Schrift festlegen. Sie können die **An/Kopie**-Angabe bei eingehenden Nachrichten einschalten, wobei vor dem Namen **An** bzw. **Kopie** angezeigt wird, um Ihnen mitzuteilen, ob Sie die E-Mail als direkter Empfänger oder in Kopie erhalten haben. Wenn Sie eine Nachricht auf dem iPhone löschen, geschieht dies sofort. Wollen Sie sich jedoch einen Warnhinweis anzeigen lassen, wählen Sie **Löschen bestätigen**. Mit **Entfernte Bilder laden** können Sie festlegen, ob Bilder, die Sie in E-Mails empfangen, automatisch geladen werden oder ob Sie das manuell tun müssen. Wenn Sie **Nach E-Mail-Verlauf** aktivieren, werden alle Antworten auf eine E-Mail gruppiert, als ob sie in einem Unterordner für die ursprüngliche Nachricht abgelegt würden. Wollen Sie eine Blindkopie aller ausgehenden E-Mails an sich selbst senden, aktivieren Sie **Blindkopie an mich**. Am Ende jeder E-Mail, die Sie senden, schreibt das iPhone die Meldung »Von meinem iPhone gesendet«. Diesen Text können Sie ändern, indem Sie auf **Signatur** tippen. Hier sogar entweder für **Alle Accounts** gleich oder **Pro Account** unterschiedlich. Auch die Art und Weise, wie Ihre Kontakte angezeigt und sortiert werden, können Sie ändern. Außerdem können Sie Kontakte importieren, die Sie auf einem anderen Telefon auf der SIM-Karte gespeichert haben. Auf diesem Bildschirm ist es auch möglich, Optionen für Kalender und Erinnerungen festzulegen und zu bestimmen, wie weit bei der Synchronisierung von Ereignissen zurückgegangen werden soll.

	Flugmodus	
	WLAN	Aus ›
	Bluetooth	Aus ›
	Persönlicher Hotspot	Aus ›

Gerät als neues iPhone konfigurieren
oder vom Backup wiederherstellen.

Als neues iPhone konfigurieren

Aus iCloud-Backup wiederherstellen ✓

Aus iTunes-Backup wiederherstellen

Kapitel 15

Nobody is perfect
Fehlersuche auf dem iPhone

 Terry hat mich gebeten, die Einleitung zu diesem Kapitel zu schreiben, und zwar aus zwei Gründen: 1. Es ist ohnehin meine Aufgabe, die Kapiteleinleitungen zu übernehmen. 2. Ich habe nicht die Qualifikation dafür, irgendetwas zum Thema Fehlersuche zu schreiben. Das liegt daran, dass auf meinem iPhone noch nie etwas schiefgelaufen ist, weshalb ich nie die Gelegenheit hatte, mich an der Fehlersuche zu probieren. Dagegen ist Terry (ein bekannter Geräte-Guru und bekennender iPhone-Fan) ein Technikspezialist. Wenn Sie ihn besuchen, ist es nicht ungewöhnlich, ihn gerade dabei zu erwischen, wie er irgendein Gerät (etwa ein iPhone) extremeren Bedingungen unterwirft als im üblichen Betrieb (es sei denn, der Benutzer führt gerade eine Antarktisexpedition durch oder macht mit dem iPhone an einem wirklich heißen Ort voller böser Leute ganz böse Sachen [Sie wissen schon, welchen Ort ich meine ... Phoenix in Arizona]). Wie dem auch sei, Terry hat mich gebeten, diese Einleitung zu schreiben, und ich fühle mich deswegen wirklich geschmeichelt. Um ehrlich zu sein, ist es mir eine Ehre, die Seiten dieses Buches zusammen mit ihm zu füllen. Vielleicht wissen Sie es noch nicht, aber Terry ist der amtierende Champion in Freistil-Klempnerei im mittleren Westen der USA (in der Altersklasse der Männer zwischen 35 und 45). Er nimmt an landesweiten Klempnerveranstaltungen, -messen und -wettbewerben teil, unter anderem an der Klempneralia 2012, in der er den dritten Platz beim Einzel-Freistilwettkampf der Männer belegte. Ich habe Terry dabei angefeuert, und ich kann Ihnen eines sagen: Er ist hereingelegt worden! Einer der Preisrichter arbeitete für Microsoft, und hat Terry nur 8,2 Punkte zugesprochen (von den anderen Preisrichtern bekam er die Wertung 10). Was für eine Schande! Und wir hatten wirklich gedacht, es wäre »sein Jahr«!

Die schnelle Lösung für die meisten Probleme

Die meisten Probleme können Sie einfach dadurch lösen, dass Sie das iPhone ausschalten und dann wieder einschalten. Halten Sie dazu die Standby-Taste am oberen Rand des Geräts gedrückt. Nach ein paar Sekunden wird die Meldung **Ausschalten** angezeigt. Tippen Sie auf die rote Schaltfläche und schieben Sie sie nach rechts, um das iPhone auszuschalten. Anschließend drücken Sie erneut die Standby-Taste, um das Gerät wieder einzuschalten. Sobald das iPhone wieder reagiert, können Sie einen erneuten Versuch mit dem machen, was beim letzten Mal nicht geklappt hat.

Das iPhone startet nicht oder reagiert nicht

Überprüfen Sie, ob der Akku geladen ist, indem Sie das iPhone mit dem mitgelieferten Kabel an Ihren Computer oder an das Ladegerät anschließen. Wenn das Gerät an eine Stromquelle angeschlossen wird, sollte sich der Bildschirm einschalten und anzeigen, dass der Akku geladen wird. Wenn nicht, können Sie einen Neustart versuchen. Drücken Sie die Taste *Home* und die Standby-Taste oben auf dem iPhone und halten Sie sie gedrückt, bis das Apple-Logo erscheint. Wenn Sie dann loslassen, sollte das iPhone wieder betriebsbereit sein. Einen solchen Neustart können Sie auch durchführen, wenn das iPhone nicht auf Berührungen reagiert. Das iPhone sollte dann neu starten und wieder wie üblich funktionieren.

---

iTipp: Das mitgelieferte USB-Kabel

Verwenden Sie auf jeden Fall das USB-Kabel, das mit Ihrem iPhone 5 mitgeliefert wurde, da ältere Kabel und Ladegeräte nicht kompatibel sind. Es ist auch nicht möglich, mit älteren FireWire-Lade-geräten den Akku eines iPhone 3G oder höher oder eines iPod touch der zweiten oder einer noch neueren Generation aufzuladen.

Kein Ton, was jetzt?

Wenn das iPhone keinen Ton von sich gibt, kann das mehrere Gründe haben. Als Erstes sollten Sie überprüfen, ob Sie es stummgeschaltet haben. Stellen Sie sicher, dass der Klingelschalter auf der linken Seite des iPhone zur Vorderseite geschoben ist. Wird ein orangefarbener Balken angezeigt, ist das Gerät stummgeschaltet. Liegt der Fehler nicht daran, überprüfen Sie die Lautstärke. Drücken Sie die Taste zur Erhöhung der Lautstärke, die sich auf der linken Seite des iPhone unter dem Klingelschalter befindet (der Klingelschalter und die beiden Tasten zur Laut-stärkeregelung sind in der Abbildung eingekreist). Hören Sie immer noch nichts, dann über-prüfen Sie die Lautstärkeregelung in Ihrer App. Stellen Sie sicher, dass nichts an die Headset-Buchse angeschlossen ist. Falls Sie Kopfhörer verwenden, müssen Sie nachschauen, ob sie auch korrekt eingesteckt sind. Viele Kopfhörerstecker passen nicht ganz in die zurückgesetzte Buchse. Wenn das iPhone an ein Lautsprechersystem angedockt ist, prüfen Sie nach, ob dieses System eingeschaltet ist.

Das iPhone komplett löschen

Wollen Sie auf Ihrem iPhone ganz von vorn anfangen und das Gerät auf die Werkseinstellungen zurücksetzen, öffnen Sie *Einstellungen* und tippen auf **Allgemein**, woraufhin Sie am unteren Bildschirmrand die Schaltfläche **Zurücksetzen** finden. Sobald Sie darauf tippen, werden Ihnen die Optionen **Alle Einstellungen**, **Inhalte & Einstellungen löschen**, **Netzwerkeinstellungen**, **Tastaturwörterbuch**, **Home-Bildschirm** sowie **Standort & Datenschutz** angeboten. Die wichtigsten Auswahlmöglichkeiten sind hierbei **Alle Einstellungen** und **Inhalte & Einstellungen löschen**. Bei der ersten (**Alle Einstellungen**) werden alle Einstellungen zurückgesetzt, während Ihre Daten und Medien an Ort und Stelle verbleiben, sodass Sie immer noch auf Ihre Kontakte, Kalender, Musikstücke usw. zugreifen können. Bei der zweiten Option (**Inhalte & Einstellungen löschen**) wird das iPhone komplett auf die Werkseinstellungen zurückgesetzt. Dabei werden auch alle Daten gelöscht, die Sie auf das Gerät übertragen haben.

Wenn eine App abstürzt

Nicht alle Apps sind gleich gut entwickelt, weshalb es vorkommen kann, dass die eine oder andere abstürzt. Zum Glück ist das iPhone-Betriebssystem iOS auf der Grundlage des zuverlässigen Mac OS X aufgebaut. Selbst wenn eine App abstürzt, wird der Rest des iPhone dadurch gewöhnlich nicht beeinträchtigt. Stattdessen wird einfach der Home-Bildschirm angezeigt. »Hängt« die App dagegen und reagiert nicht mehr, können Sie sie zwangsweise beenden, indem Sie die Standbytaste oben auf dem iPhone gedrückt halten, bis die Meldung **Ausschalten** mit einem roten Schieberegler eingeblendet wird. Halten Sie dann die *Home*-Taste vorn auf dem iPhone mindestens sechs Sekunden lang gedrückt, um wieder zum Home-Bildschirm zurückzukehren.

Apps manuell beenden

Wenn eine App zwar nicht »hängt«, aber nur sehr langsam ausgeführt wird, oder wenn Sie sie von vorn starten wollen, müssen Sie sie manuell beenden. Drücken Sie zweimal *Home*, um die Multitasking-Leiste einzublenden. Scrollen Sie die Leiste entlang (indem Sie seitwärts wischen), bis die gewünschte App erscheint, und halten Sie den Finger auf das Symbol, als ob Sie die Apps auf dem Home-Bildschirm neu anordnen wollten. Daraufhin beginnen alle App-Symbole in der Leiste zu wackeln und ein Minuszeichen in ihrer oberen linken Ecke anzuzeigen. Tippen Sie auf die Schaltfläche für die App, die Sie beenden wollen. Jetzt können Sie erneut *Home* drücken und bei Bedarf die App neu starten.

Softwareaktualisierungen sind wichtig

Hin und wieder werden Probleme mit dem iPhone oder mit einzelnen Apps in Softwareaktualisierungen behoben. Wenn Sie auf Probleme stoßen, vergewissern Sie sich, dass Sie die neueste Version von iOS und Ihrer Apps verwenden. Um nach iOS-Aktualisierungen zu suchen, öffnen Sie *Einstellungen*, tippen auf **Allgemein** und dann auf **Softwareaktualisierung**. Ob Aktualisierungen für eine App vorliegen, können Sie in Erfahrung bringen, indem Sie vom Home-Bildschirm aus *App Store* öffnen und dann unten rechts auf **Updates** tippen.

Gerät als neues iPhone konfigurieren
oder vom Backup wiederherstellen.

Als neues iPhone konfigurieren

Aus iCloud-Backup wiederherstellen ✓

Aus iTunes-Backup wiederherstellen

Index

Musik auf dem iPhone abspielen

Die Musik, die Sie auf Ihr iPhone importiert haben, können Sie mit der App *Musik* abspielen (wer hätte das gedacht?). Tippen Sie am unteren Rand dieser App auf die Schaltfläche **Listen**, **Interpreten** oder **Titel**, um das erste Stück auszuwählen, das Sie hören möchten. (Wenn Sie in iTunes die Funktion Genius aktiviert haben, finden Sie auch dafür eine Schaltfläche.) Tippen Sie auf den Titel, um ihn abzuspielen. Wenn Sie kein Headset angeschlossen haben, wird die Musik über den eingebauten Lautsprecher des iPhone ausgegeben. Gibt es für das Lied Bildmaterial, so wird dies während der Wiedergabe angezeigt. (Anderenfalls wird einfach eine Musiknote angezeigt.) Nach Ende des Titels wird der nächste von der Liste abgespielt. Um den Akku zu schonen, wird der Bildschirm des iPhone nach einer kleinen Weile ausgeschaltet, das Lied wird aber weiterhin gespielt. Um zurück zur App *Musik* zu gelangen, drücken Sie *Home* und entsperren das iPhone, indem Sie mit dem Finger nach rechts über den Schalter **Entsperren** wischen. *Hinweis:* Um auszuwählen, welche Listen oder Titel Sie anhören wollen, müssen Sie zwar die App *Musik* starten, doch beim Abspielen eines Liedes, Podcasts oder Hörbuchs können Sie beliebige andere Apps verwenden, ohne dass die Wiedergabe unterbrochen wird.

Steigen Sie um auf den Mac! Denn Apples OS X Mountain Lion bietet noch mehr Funktionen, noch mehr Spaß und noch mehr Sicherheit. Alles, was Sie für den Ein- und Umstieg brauchen, ist ein bisschen Grundwissen und dieses Buch. Am Anfang steht das Wichtigste: wo Ihre Daten und Programme liegen und wie Sie mit Launchpad, Mission Control, Spaces und Spotlight den Überblick über Ihr System behalten. Danach surfen Sie mit Safari im Web, schreiben E-Mails mit Mail oder nutzen Facetime für Videotelefonie. Sie lernen, wie Ihnen die mitgelieferten Programme wie Adressbuch, Kalender, Erinnerungen und Nachrichten mit dem Synchronisationsdienst iCloud helfen, Ihren Mac, Ihr iPad und iPhone auf dem gleichen Stand zu halten.

Außerdem behalten Sie das System mit den Diensttools im Blick und sichern Ihren Mac mit Gatekeeper vor Schadsoftware und mit Time Machine vor Datenverlust.

Giesbert Damaschke
ISBN 978-3-8272-4797-1
19.95 EUR [D], 20.60 EUR [A], 26.90 sFr*
320 Seiten
http://www.mut.de/24797

*unverbindliche Preisempfehlung

Mehr Bücher & Video-Trainings auf **www.mut.de**

ALWAYS LEARNING

PEARSON